楚河说历史

魏晋南北朝

楚河/著 子鸱坊插画/绘

中信出版集团 | 北京

图书在版编目（CIP）数据

楚河说历史．魏晋南北朝 / 楚河著；子鹣坊插画绘
．-- 北京：中信出版社，2020.9
ISBN 978-7-5217-1928-4

Ⅰ．①楚… Ⅱ．①楚… ②子… Ⅲ．①中国历史－魏晋南北朝时代－青少年读物 Ⅳ．① K209

中国版本图书馆 CIP 数据核字（2020）第 091483 号

楚河说历史·魏晋南北朝

著　　者：楚河
绘　　者：子鹣坊插画
出版发行：中信出版集团股份有限公司
（北京市朝阳区惠新东街甲4号富盛大厦2座　邮编　100029）
承 印 者：天津联城印刷有限公司

开　　本：889mm×1194mm　1/32　　印　　张：5.5　　字　　数：100千字
版　　次：2020年9月第1版　　印　　次：2020年9月第1次印刷
书　　号：ISBN 978-7-5217-1928-4
定　　价：35.00元

序

找到属于自己的“宝藏”

你会跳过序言看正文吗？我不会，作为一个爱看书也爱藏书的人，我看书有一个习惯，那就是力争把书中出现的所有文字都看完，包括作者简介、封面设计、插画师、责任编辑，甚至是图书规格等等。每多看一个字，我便感觉对书了解得更多了一些，看到的字越多，了解的东西越多，所以通常我必看序言。

可当我开始动笔的时候，我又犯了难。序言是什么？我想，序言大概就像新朋友之间的自我介绍一样，向别人介绍自己眼中的自己，而给一本书写的“自我介绍”，不就相当于“我以为我写了什么”吗？即使是从我的角度出发介绍这本书，我相信也是不全面的。每个人都有自己的想法，所以我希望，每一个有缘捧起这本书的人，能够像寻宝一样，找到属于自己的“宝藏”。

我能告诉大家的是，这是一本跟历史有关的书。

历史是由人创造的，从古至今发生的所有故事，都是人和人的故事。人很奇妙，有时可以很善变，有时又一成不变。虽然人类利用科技让生活变得更好，可人与人相处的方式却变化不大，我们也许换上了不同的服饰，但我们的行为模式确实和古人的行为模式没有本质的区别。

历史是由人书写的，所以我更愿意以历史人物的视角，去看看他们生活的世界：何为智慧？何为坚守？何为追求？何为气节？何为义气？何为忠诚？何为孝道？何为取舍？在古人的眼中，什么才是最重要的？这也许可以让我们更加真切地认识自我，并且重新审视一下自己身边那些值得珍惜的人和物。

构思每一个人物的时候，我都努力把自己想象成那个人。在创作的过程中，我努力寻找人物情感与历史事件的联系，以求让历史事件更加鲜活。

“楚河说历史”的内容基本取材于正史，但也有些许野史掺杂其中。书中的每一个故事，我都力求找到史籍当中的记载，这种想法一直贯穿我创作的始终，但对我而言，这样做有得也有失，其中很多有趣的典故也因为找不到史料而被迫放弃。

我希望你把这套书当作一把钥匙。历史不应该是单向传输，也不应该是单纯背诵，我们完全可以通过自己的思考，看到很多不同的风景。就像我在每篇文章中设计的“脑洞剧场”，这里面的内容大多没有真实发生过，是我通过对人物性格的理解做的夸张描写，不仅仅是为了让故事更有趣，也是为了增加历史跟大家互动的可能性。你想过自己把“脑洞剧场”里的内容表演出来吗？你甚至可以跟朋友或家人搭档，把你印象中的这位历史人物，用自己的理解和方式呈现出来，我相信，这一定能释放你身体里的很多能量。解放对天性的束缚，大胆地表现自己。

如果这套书能给大家带来些许类似的感觉，这一定不是我的功劳，而是因为我站在了巨人们的肩膀上，很多历史学者和前辈给过我指点和启发，我只不过是站在他们的肩膀上踮起了脚尖而已。

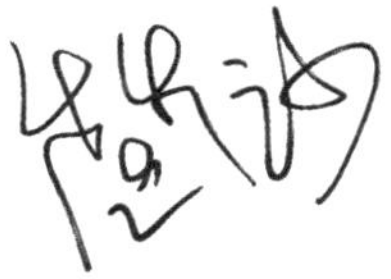

2020 年 8 月

目录

潘安水果店

楚河说历史

魏晋南北朝

1 曹操

爱说谎的古代大咖

说谎真的不是一个好习惯。但是在古代，特别是在权力纷争的年代，说谎有时候可以帮助人们保住性命。

下面说一位三国时期的说谎达人。这个人名气实在太大了，他曾饱受争议，但是现在却成了很多人追捧的对象，此人就是曹操。

真是三十年河东三十年河西，别看后来曹操拥有了辉煌霸业，他年轻的时候，可是远近闻名的捣蛋鬼，而且他对说谎的研究，据说也是从小就开始了。

话说曹操正是“青春少年样样红”的时候，经常跟袁绍一起玩，俩人关系特别好，总是把大部分时间都用来不务正业。有一次，他们碰到人家结婚，气坏了，俩人心想："怎么这么倒霉呢？"为什么这么说呢？因为按照习俗，他们要有所表示。

脑洞剧场

曹操："天道不公啊！孟德就想问问，凭什么？明明是看别人结婚，我们还得上礼？"

袁绍："大哥，你也没给人家上礼啊？"

曹操："是吗？我就是想批判一下这个事儿，让咱们自己花钱看别人秀恩爱，实在是太过分了！"

袁绍："那你说咱们该怎么办？"

曹操点点头，说道："抢别人的新娘，让别人无婚可结。"

上面这段是我编的。但千真万确的是，他们要抢新娘。

俩人商量好了，趁着月色，先偷偷地跑到了主人家的园子里，然后开始大喊："有小偷啊，有小偷！"

主人一听有小偷，抄着家伙就蹿出去了。

那边刚出去，曹操可就进屋了，他手里拿着刀对新娘子说："跟我走一趟。"

就这样，曹操和袁绍劫了新娘子就开始逃跑。然后，尴尬的一幕发生了，三个人跑了半天才发现，迷路了。新娘子估计都在想：“你们这劫匪做得也太不专业了！”

后来跑着跑着，他们又陷入了荆棘丛中，袁绍有点想放弃了。这时候，曹操就开始发挥自己撒谎的本领，朝着某个方向大喊：“快来人哪，小偷在这儿！”袁绍一听，嗖的一下就跳起来了，俩人这才逃走。

没错，《世说新语》中没再提到那个新娘子，也不知道他们把新娘子忘在哪儿了。

后来啊……曹操就长大了。他不仅有了自己的新娘，还有了自己的部队，地位也水涨船高。而对于曹操来说，说谎会帮他渡过难关。

话说，曹操有一次带着部队行军，结果走了好长时间就是找不到水源。人不喝水可不行，再这样下去，仗也就不用打了，因为人都渴死了。

于是，曹操特别威严地看了看左右的士兵，又开始说谎：“前面有一片梅林，那里有好多梅子，又酸又甜又解渴。”士兵们听到他的话，立马都精神了，口水流得跟瀑布似的。凭着这股子劲儿，部队终于找到了水源，渡过了危机。这就是“望梅止渴”的故事。一个善意的谎言，保全了无数生命。

但是曹操说的也不都是善意的谎言，也有纯“恶意”的。当然，在有些人眼中，这被称作权谋。

我们知道，曹操这个人生性多疑。自从事业有所成就之后，曹操就总担心有人害自己。怎么办呢？曹操想到了一个办法。他跟手下们说：“每当有人想害我的时候，我的心就会跳得特别快。”意思是说，你们别想害我，我会有预感的。

光说可不行，这还是要用事实说话的。为了坐实这件事情，曹操又开始说谎，骗自己的亲信配合自己演一出戏。

曹操说戏的这一段就记录在《世说新语》当中：“汝怀刃密来我侧，我必说心动。执汝使行刑，汝但勿言其使，无他，当厚相报。”什么意思呢？曹操跟手下的亲信是这样说的：“待会儿你揣着刀，偷偷到我身边来，到时候，我一定会说心跳得好快。然后我就叫人逮捕你，执行刑罚，你只要不说出是我指使的，肯定没事，而且我一定会重重赏赐你。”

结果，亲信听了曹操的话，找了个时间，拿着刀偷偷跑到曹操身边，曹操说：“啊！我心跳得好快啊！”

接着亲信被抓起来用刑，他打死也不说是谁指使的，因为他相信曹操，一点儿也不害怕，于是……他就被杀了。他哪知道曹操是个大骗子，到死都没明白自己是怎么死的。

可周围的人却被吓到了，心想：“原来想害主公，他真的会有预感。”这让图谋不轨的人不禁流下了泪水。

接下来要解决的就是睡觉时的安全问题。曹操想，要是睡觉时有人害自己怎么办？那真是一点防备也没有，指定就完蛋了。但要是天天不睡觉、睁着眼，也不用别人了，没几天自己就完蛋了。

于是，曹操跟左右侍从们又说了谎话。这也记录在《世说新语》当中：“我眠中不可妄近，近便斫人，亦不自觉。左右宜深慎此。”曹操这段话的意思是：“我睡觉的时候，千万别随意靠近我，谁靠近我，我就会砍谁，连我自己都不知道。你们这些侍从可千万要小心。”

后来有一次，曹操假装在睡觉。有一个侍从，看他没盖被子就睡着了，怕他着凉，想偷偷地给他把被子盖上。结果刚一靠近，曹操就把他给杀了。

从此曹操睡觉的时候，再也没有人敢靠近。估计，从此曹操睡觉都是自然醒的。

2 赵云

完美男人的化身

三国时期蜀国的赵云，可以说是完美男人的化身。接下来，我们就讲讲这位在三国时期人气颇高的武将。

为了照顾到广大的外貌协会成员，我们首先要说说赵云的颜值。他到底是不是帅哥呢？我们先看看著名历史小说《三国演义》里面是怎么说的他："生得身长八尺，浓眉大眼，阔面重颐，威风凛凛。"

什么意思呢？按照我们现在的标准，赵云身高是绝对达标的，应该有一米九的样子。"浓眉大眼""威风凛凛"，这些都不用解释了，关键是"阔面重颐"怎么理解？

其实关于"阔面重颐"的解释还真有不少，有说好看的，也有说不好看的，两种说法的交集，基本承认赵云应该是长了一张国字脸。但“重颐”的意思是双下巴，这里就有分歧了。可以想象，如果赵云的双下巴是缘于肥胖的那种类型，那他基本也就退出帅哥圈了，因为一胖毁所有嘛。

但是我更倾向于另一种解读，那就是赵云长了一个像超人一样的下巴，就是下巴中间有一条缝隙的那种。我们从《三国演义》的描述中能体会出来，罗贯中先生是在努力地夸赵云帅，所以这个双下巴绝对不会是想弱化赵云的高大形象。

但小说的描述，我们也只能做一个参考，下面再看看《云别传》是如何表述的，里面写道：“云身长八尺，姿颜雄伟。”

姿颜雄伟，每个字都是一个词，这些词最后拼凑出了一个完整的赵云样子，那就是一个长相帅气、有胆识的硬汉形象。

单凭赵云这俊朗的外形，也许已经让不少“女中豪杰”断定他是完美男人了。但赵云的完美让人无法想象，因为他的人品跟他的外形一样完美，无可挑剔。

说起赵云的为人，可以说他是一个暖男。明明是一个刚烈的汉子却推崇民主。据说，他投奔公孙瓒，就是大伙投票决定的。

当时，各路豪杰并起。发展势头正猛的是出身高贵的袁绍。那时候，袁绍的职务是冀州牧，冀州这一带的事都是他做主，他基本等同于割据一方的霸主。很多人慕名而来投靠袁绍，这可把袁绍的对手公孙瓒嫉妒坏了。

脑洞剧场

公孙瓒："凭什么？凭什么袁绍就比我出名？"

手下："主公，您别着急，肯定有制服他的办法……主公，您干吗呢？"

公孙瓒："我画个圆圈诅咒他！"

手下："别画了主公，肯定还有更好的办法……您又干吗呢？"

公孙瓒："我扎个小人。你知道怎么搞到袁绍的头发吗？"

手下："主公，您这样迷信，别人会讨厌您的。"

公孙瓒："讨厌我的人多了，你算老几！"

上面这段是我编的。但公孙瓒的人气确实不如袁绍。可就在公孙瓒郁闷的时候，手下传来消息，说有人来投靠他了。公孙瓒点点头："有品位。"

来的不是别人，正是赵云一行人。不过，公孙瓒对他们也是有点怀疑的，就问赵云为什么要来投靠自己。这时候，赵云回了公孙瓒一句话，这句话就记录在《云别传》里面："天下讻讻，未知孰是，民有倒县之厄，鄙州论议，从仁政所在，不为忽袁公私明将军也。"

意思是说，天下大乱，不知道谁是明主，百姓处境极其困难。所以，我们当地人经过商议讨论，决定要追随仁政所在。这不是因我们故意疏远袁绍，而偏向于将军您。后来，公孙瓒满意地收留了赵云他们一帮人。

巧的是，那时候刘备也在公孙瓒那里，所以刘备和赵云在那时候便结下了深厚的情谊。

后来，赵云在刘备麾下效力，他的人品也绝对是好得没话说。

首先要说最著名的赵云救刘备妻儿的故事。话说，建安十三年（208 年），曹操大军南下荆州，刘备无力抵抗便率军赶紧跑。紧接着，曹操就派曹纯率领虎豹骑快马追赶，终于在当阳长坂追上了刘备。情急之下，刘备可能是想到了一种动物：壁虎。

每当壁虎遇到危险的时候，都是通过自断尾巴来吸引敌人的注意力而逃跑的。刘备可能大受启发，于是就把妻子和儿子给扔了。

这时候跟着刘备跑的没剩几个人了。就在大家一门心思逃跑的时候，有人发现赵云朝反方向跑了，一看，那不是曹军的方向吗？估计八成是去投降了。于是，他马上禀报刘备："赵云好像去投靠曹操了。"

刘备听完这话，拿起一把手戟就朝告状的人扔了过去，这手戟是一种用来投掷的兵器。刘备说："呸！告诉你，赵云是不会弃我而去的。"我觉得士兵们应该有点不信："你刘备都能扔老婆孩子，凭什么人家不能扔主公？"

不过，刘备确实猜对了，没多久赵云护送着甘夫人和刘禅，安全返回到刘备的身边。赵云讲义气，从这一件事儿就能看出来。

赵云不光讲义气，还不贪女色。话说，赤壁之战以后，赵云跟随刘备平定了荆州四郡。当时刘备任命赵云为桂阳太守，取代了投降的赵范。

这个原桂阳太守赵范有一名寡嫂樊氏，据说她生得花容月貌、国色天香。赵范为了拉拢关系，就想把樊氏嫁给赵云。但是赵云坚决不同意。当时，有人劝赵云接纳这位漂亮的女人，可赵云却说："赵范是被迫投降的，心不可测，何况天下女子不少啊。"不久之后，赵范果然趁机逃走了，而赵云清清白白。

像赵云这样，既颜值高又不高冷，还能做到重情义而不贪女色的极品男人，难道说还不够完美吗？

对于赵云本人来说，也许他还觉得不够完美，所以在工作能力上同样表现得十分优秀。

历史上赵云可不止救过刘禅一次。话说，刘备平定了荆州四郡之后，一下子变得声势不小，这时候孙权就建议双方和亲。后来，刘备娶了孙权的妹妹。孙权可能开始还觉得刘备当妹夫，这是自己赚了，后来再一想，才发现原来自己赔了个妹妹。

所以，后来刘备西征益州的时候，孙权便派了舟船，想把自己的妹妹给接回去。这时，他又起了坏主意，心说接一个人是接，接两个人也是接，把刘备的儿子刘禅也接到吴地吧。

于是，孙夫人准备带着刘禅一起回吴地。幸好，赵云和张飞得到了消息，带着兵马一路追，终于截住了东吴的船队，这才把刘禅抢了回来。要是没有赵云，刘禅最好的结果也是变成孙禅。

其实我们知道，三国时期蜀国最传奇、名气最响的人物还不是赵云，而是诸葛亮。说起诸葛亮的传奇，就必须提到《三国演义》第九十五回那一段空城计。

司马懿带着魏国的大军赶来的时候，诸葛亮命人打开城门，让两个小孩陪着自己站上城头，焚香弹琴。电视剧里演的诸葛亮，当时是一边弹琴一边流汗，战斗可谓一触即发。可司马懿那边很给面子，他觉得诸葛亮肯定有诡计，心想："想让我司马懿上当，门儿都没有。"于是，司马懿带着军队撤退了。后来，他才知道撤退才是真正的上当。

必须承认，这段故事成就了诸葛亮的盛名。但在正史里面并没有这段故事的记载，甚至诸葛亮压根儿就没有使用过空城计。如果弹弹琴就能让对方退兵的话，那只有一种可能：弹得太难听了。

但是空城计的确有人使用过。谁呢？当然是我们的男主角赵云！《云别传》里是这样说的："云入营，更大开门，偃旗息鼓。公军疑云有伏兵，引去。"

冲啊 啊啊~~
丞相，您抢戏了。
冲啊~
顿住！

当时，刘备手下的将领黄忠，刚刚把曹操留守汉中的大将夏侯渊杀掉，曹操为了夺取汉中的土地，打算亲自率军来战。所谓兵马未动，粮草先行，为了保证军队的补给，曹操命人先运送一大批军粮过去，据说这批军粮有数千万袋。黄忠得知消息后有点坐不住了，可能他岁数大，会过日子。

他就跟赵云商量，不如把这批军粮抢过来。两个人一拍即合，或许是黄忠的兵力不足，赵云连自己的部队都借给黄忠了，俩人定好了归来的时间，几时几刻必须回来。说话间，黄忠带着人就走了。

赵云在营寨里等来等去，过了约定时间好久也不见黄忠回来，赵云心中充满了疑问，心想："黄忠的计划，该不会是黄了吧？"

身边也没剩几个人了，但赵云还是想出去查看一下黄忠的情况，于是他带着数十个骑兵出了营寨。可刚出营寨没多久，就遇上了曹操派来大军的先锋部队，赵云眼泪都要下来了，心想："就今天带的人少。"

怎么办？打吧。赵云带着十几个人和曹操的先锋部队斗成一团，刚一开打，曹操的大军又到了。赵云心想："今天我也太背了。"

这仗没法打了，赵云只好带着人突围，且战且退。终于退入了自己的营寨。一点名，少了一个部将，原来是部将张著受伤了，陷入了曹军的包围圈。

赵云没犹豫，骑着马又冲进了曹军，把张著救了出来带回营寨。虽然人救出来了，但是赵云手下的人还是比曹军少，而且黄忠也还没回来。就这样，曹操的大军追到了赵云的营寨前。

千钧一发之际，有人建议闭门据守。可赵云这时却下令打开营门。接着，赵云又下令全营肃静，偃旗息鼓。一瞬间，汉军的营寨变得鸦雀无声。

曹军那边有点慌了，主将心想："这唱的是哪一出啊？一点儿声也没有，还大开营门。我这是进去，还是不进去呢？……"到最后曹军的主将还是怀疑赵云设有埋伏，不敢打，于是曹军开始向后退。

这时，赵云抓住时机，马上下令击鼓进攻，弩箭对准曹军猛射。这下可把曹军的士兵吓坏了，慌乱中有互相踩踏的，有坠入汉水的，牺牲不计其数。

第二天，刘备亲自来到赵云的营寨视察了战场之后，不禁赞叹道："子龙一身是胆啊！"

岂止一身是胆，赵云绝对是完美男人的化身！

3 关羽

不太完美的三国神仙

一个人要想在人们的心中成为神一般的存在，那是相当不容易的。首先，他必须在某个领域达到常人难以企及的境界。其次，他还需要在道德上有非凡的高度，不能有任何缺点。最重要的是，以上所有的要求，他都必须坚持一生。

在我们民间传说里的神仙，大都视金钱如粪土，视美女如臭豆腐，不食人间烟火，连业余爱好也还是普度众生。这些神仙大多是老百姓虚构出来的。在中国神话人物中，有一位在历史上是真实存在的。他不仅有明显的优点，也有明显的缺点。

这个人身处三国时期，只要大概形容一下他的相貌，大家就能猜出来他的名字。他生的是大长胡子、大红脸、大红嘴唇、丹凤眼，头上常年戴着绿帽子。

没错，他就是关羽，人称关二爷。“身长九尺，髯长二尺；面如重枣，唇若涂脂；丹凤眼、卧蚕眉，相貌堂堂，威风凛凛。”这是罗贯中在《三国演义》中对关羽的描写。但在正史中，其实并没有关羽具体长相的描写，也不知道罗贯中这样描写关羽，是基于什么资料。

关羽的长相，我们就不深究了。现在重点说说他的事迹。必须承认的是，关羽被众人推崇，绝对是有原因的。单从讲义气这一方面，关羽就算是代表人物了。所以在很多港台电影里，你会看到这样的桥段，好人拜关二爷，坏蛋也拜关二爷，我想关二爷在天有灵，心里也有点乱。

总之，混江湖就要讲义气，而关羽就是讲义气的象征人物。

历史上的关羽也的确讲义气。刘备、关羽、张飞自桃园结义之后，三个人就结下了深厚的情义，情同手足。亲到了什么地步？兄弟三人平时交际应酬的时候，关羽、张飞都是站在刘备身边保护，从来不怕艰险。就因为这哥俩在边上站着，给刘备敬酒的人恐怕都明显少了许多。

甚至有时晚上睡觉的时候，兄弟三人也不分开。大家知道他们有多么亲了吧。当然，对最后这一点，他们的家属还是很有意见的。

兄弟三人就这样勤勤恳恳地经营着他们的事业。可要知道，创业不是那么容易的。

建安五年（200 年），曹操率军东征，他只有一个目的，那就是零成本并购刘备他们兄弟三人的公司。结果把刘备给打跑了，关羽可能是因肤色比较醒目，最后没跑掉，而被曹操生擒，连带刘备的家眷一起成为曹操的俘虏。

生擒之后，无非两种结果，要么投降，要么去死。

可是关羽讲义气啊！他结合自身的实际情况，首先明确了一点，他想活。但是他还要活出风格，怎么办？关羽捋了捋胡子，眼前一亮："有了！关某跟曹公约法三章。"

脑洞剧场

关羽："曹公，关某今日前来，有话要说。"

曹操："我终于得到你了，小关关。"

关羽："不许随便给人取外号。"

曹操："那你想我以后怎么称呼你呢？"

关羽："叫云长就行了，谢谢。"

曹操："可只叫云长太普通了！我们之间，一定要有一个比较特殊的称呼才行。"

关羽："这个不是重点。重点是如果你不答应我的要求，就算得到了我的人，也得不到我的心。"

曹操："我不要你的心！"

关羽："不行，你这样是不对的，你得要我的心。"

曹操："好吧，我要你的心。不过这可是你让我要的！"

上面这段是我编的。据说当时关羽针对投降事宜，对曹操提出了三点要求：第一，只投降汉室，不投降曹操；第二，要帮着照顾刘备的两位夫人；第三，只要知道了刘备的下落，不管千里万里，他都要离开。

按理说，是关羽打了败仗被曹操俘虏了，怎么还这么多要求？这要是一般人，二话不说可能就把关羽杀掉了。可曹操是爱才之人啊，他很欣赏关羽的忠义和才干，最后还真答应了关羽的条件。这同时也成就了中国历史上著名的"不平等投降条约"。

投降了曹操之后，曹操对关羽是真的好。三天一小宴，五天一大宴，时不时地还会赏赐一些奢侈品。要是心理防线薄弱的人，可能就变成，宁愿坐在曹操的车上哭，也不愿意跟着刘备骑马笑了。

可是关羽没有，他心里明白曹操对自己也是情深义重，所以在心里告诉自己，一定要报了曹操的恩德，再回到刘备的身边。为了“配合”关羽的计划，没过多久，颜良就送上门来了。

话说，这一天，袁绍派大将军颜良带着军队进攻了曹操的地盘，此地名叫白马，大概是今天河南滑县一带。曹操急了，马上派张辽和关羽去解围。这一段就记录在《三国志》里面：“羽望见良麾盖，策马刺良于万众之中，斩其首还，绍诸将莫能当者，遂解白马围。”

什么意思呢？这是说，关羽远远望见了颜良的旗帜和车盖，便骑着马在千军万马之中，成功刺杀了颜良，并且割下颜良首级回到营中。袁绍的众多将领没有人能够抵挡他，关羽就这样解了白马之围。

关羽这一来一去，实在太快了，估计袁绍的手下们都会怀疑刚刚发生了什么事情。要知道，颜良在当时也算是有名的大将，结果被关羽秒杀。

虽然《三国演义》中写到关羽斩颜良、诛文丑，但实际上，文丑的死并不是关羽造成的。但这并不影响关羽后来的精彩表现，比如，俘虏曹操的大将于禁，斩杀白马将军庞德。有实力的对手也能成就一个人的声名，关羽的盛名也离不开他们的衬托。

前面说了关羽的明显优点。接下来说一说他的明显缺点。首先不得不说的，就是关羽心眼小的问题。

话说，就在刘备、关羽、张飞兄弟三人的地盘有条不紊地走向壮大的时候，有能耐、有背景的长腿名将马超来投降了。

可能周围有不少人在关羽面前夸奖过马超的才能，关羽不乐意了，心想："我和马超不熟，难道他比我还强吗？不行，我得找个人评评理！"

于是，他给诸葛亮写了一封信。这封信的内容就记录在《三国志》里面，说："超人才可比谁类？"这句话写的很有水平，什么意思呢？他问诸葛亮："你觉得马超的武艺才能，可以跟谁比？”我也不说是跟我比，我就问问他怎么样。这貌似是想关心一下晚辈的感觉。

可关羽那点心思，怎么能瞒得过诸葛亮呢？于是诸葛亮给关羽回了一封信，让士兵送去了。

关羽看完信后哈哈大笑，说：“丞相哪儿都好，就是说话太实在了。”

信里面怎么说的呢？说马超这个人啊，文武兼备，雄健刚烈绝对超过一般人，应该说是一代豪杰，可以跟黥布、彭越这类的名将比一比，也可以跟张飞争个高下，可他终究还是比不上美髯公啊。

美髯公说的就是关羽，可能因为关羽的胡子平时护理得特别好，经常油光锃亮的，所以大家都这么称呼他。

诸葛亮这封信回得也算是相当精彩。我觉得，如果某个大学打算开有关语言艺术的课，那么诸葛亮的这封信应该被当作经典案例。据说，关羽也经常拿出诸葛亮的回信给宾客们看，带领大家一起夸丞相说话太实在。

陈寿在《三国志》里评价关羽：“羽善待卒伍而骄于士大夫。”类似的事情，其实不止这一次，还有一次跟黄忠有关。

话说，刘备自封为汉中王之后，计划任命四位大将

军：前将军关羽、右将军张飞、左将军马超、后将军黄忠。刘备想好之后，拿这个提议去跟诸葛亮商量。

诸葛亮是什么人啊？他马上看出了里面的问题，其中最关键的就是黄忠的定位。要知道，黄忠本来是不可能跟另外三位大将并列的。刘备这一提拔，难免要产生矛盾。特别需要注意的就是关羽。

于是，诸葛亮劝刘备：“马、张在近，亲见其功，尚可喻指；关遥闻之，恐必不悦，得无不可乎！”诸葛亮是对刘备说，马超和张飞离得近，亲眼见到过黄忠的功劳，也许还能接受；可是关羽离得远，他没见过黄忠的表现，听到您这样的决定，恐怕会不高兴。这样做有点不妥吧。

可谁知刘备却说：“没事儿，我来搞定。”后来，刘备召见了一个文官，此人叫费诗。刘备亲切地对他说：“你来搞定。”

于是，费诗就去找关羽了，他的任务是让关羽接受前将军的职位。

结果，诸葛亮猜得一点儿也没错。关羽一听黄忠要跟自己平起平坐，立马就怒了，说：“大丈夫终不与老兵同列！”不肯接受任命。

费诗和关羽摆事实讲道理，劝说道：“创立帝王事业的人，所任用的人才肯定不会是一样的。从前萧何、曹参是汉高祖的同乡，而陈平、韩信都是后来归顺的。但是论在朝中的排位，韩信的最高，没听说萧何、曹参有过任何怨言。如今，汉中王对黄忠厚加恩宠，您和汉中王是结义兄弟，他心里难道真会把黄忠与您同等看待吗？我要是您的话，就不会去计较这些。我就是个使臣，奉命行事，您若真不受封，我这就回去，只是对您的举止颇为惋惜，恐怕您会有后悔的一天。”

听到这儿，关羽才接受了任命。

关羽不仅心眼小，他有时候还神经粗呢，一点儿也不在意别人的感受。

史书记载，关羽曾经被乱箭射中过。当时，箭穿过了他的手臂，后来伤口虽然愈合，但是每逢阴雨天气，手臂常常疼痛难忍。医生说，箭头上有毒，毒素已经深入到了骨头里面，应当割开手臂，刮去骨头上的余毒，这样疼痛才能消除。

具体是哪位医生给关羽治疗的，史书中并没有提。

总之，正当医生打算和关羽讲一下手术日期的时候，关羽那边已经把胳膊伸过来了。从关羽鼓励的眼神中，医生似乎读到“你可以开始了”的信号。

要知道，当时关羽正好请了一帮将领宴饮。据说，在手术的过程中，关羽胳膊上的血不住地往下流，流满了一盘子，而关羽却吃肉喝酒，谈笑自若。本来这是表现关羽英雄气概的场面，可是却从来没有人想过在场将领们的感受。关羽也是如此。在这样的情况下，谁的食欲能好啊？

不过，这还不算关羽最大的毛病，他最大的问题是大局意识不强。

本来，当时整体的局势对刘备他们还是比较有利的，可后来因为关羽得罪了孙权，事情发展的走向开始变得大不相同。应该说，关羽得罪孙权的过程，其实就是好事变坏事的过程。

在古代，通婚就是联盟的一种形式，所以孙权曾派使者替儿子向关羽的女儿求婚。这门婚事若是成了，那刘备和孙权两方的关系应该还要更好一些，毕竟曹操的势力太过强大了，这样还能有些制衡。可是，关羽死活不答应这门婚事，非但不答应婚事，而且还大骂孙权派来的使者，孙权大怒，由此就结下了梁子。

孙权正恨关羽恨得牙痒痒，另一边曹操再派人来煽动他，派出吕蒙等人袭击关羽的后方，正在与曹军交战的关羽情况就不容乐观了，一下子变成了腹背受敌。分不清形势的关羽，最后的结局也几乎是注定了的……

关羽就是关羽，他虽然并不完美，但是经过千年历史的洗礼，人们依然爱戴他，把他奉若神明。也许这离不开古代统治者们的引导，因为只有在人们之间树立一个这样的忠义之神，才能让更多的人服从于皇权。

可我想，就在古代的统治者们叉着腰，感叹自己聪慧的时候，人们其实早已看清了真相，只不过没有必要说破。可能我们喜欢关羽，只是因为他是关羽而已。

4 吕布

跳槽是我的拿手戏

说起三国时期最勇武的将领，吕布这个人绝对绕不过去。

按照吕布的实力，他本来至少可以成为雄踞一方的诸侯，或者最起码也能成为协助主公成就霸业的功勋战将。可惜吕布这个人，什么也没做成。他的脑袋太活泛了，一会儿一个主意，上一秒答应别人的事情，下一秒他就能推翻，甚至上一秒就已经推翻了。

由于《三国演义》深入人心，吕布这员虎将也有着不小的人气。为什么很多人喜欢他呢？因为他手中那支方天画戟挥舞起来，简直无人能敌。只要谁碰一下，立马就会被震飞，变成天上的星星，闪一下就没影儿了！虽然没我说的这么夸张，但也的确很厉害。

其中最著名的故事是三英战吕布。刘备、关羽、张飞三个人围打吕布一人，都拿他没办法，这是为什么？因为吕布人品好，他们下不去手吗？当然不是，这充分地说明了吕布的武力值非同小可。

虽然吕布的能耐很大，但他的忠诚度真的可以忽略不计，可能还略低于叛徒的。一般的跳槽的人，通常跳槽一两次也就稳定下来了，可吕布喜欢玩“连环跳”。

话说，早些年间，吕布因为武艺高强，在并州供职。当时并州刺史丁原任骑都尉，率兵驻扎在河内，他听说吕布武艺了得，于是就把吕布调到身边，任命为主簿，掌管文书。

丁原很欣赏吕布，平时对他也很亲近。后来，汉灵帝驾崩之后，丁原接到大将军何进的征召，率领军队到洛阳，任执金吾。这个执金吾地位可不低，位同九卿，是守卫京城的北军最高统帅。可不久之后，何进被宦官杀害，这时丁原他们这拨人就比较被动了。

此时，进入京城的董卓就派人不停地煽动吕布，因为他想借吕布的手把丁原杀掉。可吕布是什么人，怎么可能轻易地答应他，说：“不行，丁大人待我不薄，我吕布岂是这样的卑鄙小人！”潜台词是：“这价格不合适，您再涨点儿。”后来，董卓就给他涨了点儿……没过多久，吕布就杀死了丁原，并且吞并了他的部队。

董卓马上任命吕布为骑都尉，后来还认吕布当他的干儿子。吕布还真答应了，二人就像失散多年的父子，感情之深，非比寻常。而且，董卓十分欣赏吕布，因为他确实厉害，不但擅长骑射，而且臂力十分惊人，大家都称他为飞将。

不过，董卓这个人疑心重，曾因为一点小事就朝吕布扔了把手戟，吕布命都差点没了，吓坏了。吕布还在董卓背后做了点坏事，他怕董卓发觉，心中十分不安和愤恨。

此时，司徒王允就劝他：“要不，你把董卓杀掉吧。”吕布说：“那不行，那是我的主公，也是我的干爹。”王允心想：“我的天哪，太不要脸了，你又不是第一次做这种事了，丁原不就是你亲手送走的吗？”

不过，王允对吕布说的话，肯定是有点策略的。《后汉书》中记载，他是这么说的：“君自姓吕，本非骨肉。今忧死不暇，何谓父子？掷戟之时，岂有父子情也？”

王允这句话的意思是，将军您姓吕啊，本来就不是董卓的骨肉，如今保全性命还来不及，还说什么父子之情呢？当初他向你扔手戟的时候，想过你是他儿子吗？

吕布心想："对啊，他那算虐待孩子啊。"想通了这个问题，吕布就把董卓也杀掉了。

成功刺杀董卓之后，吕布又升官了，任职奋武将军，封温侯，和三公享受同等待遇，与王允同掌朝政。俩人默契配合，但只掌了两个月的朝政，就让董卓的旧部轰走了。

吕布跑了，他把董卓的首级系在马鞍上投奔袁术去了。袁术待吕布也很不错，毕竟他是一员难得的猛将。

不过，吕布的数学可能不太好。他算了一笔账，自己杀了董卓，等于帮袁术杀了一个对手，等于扩大了袁术的势力，约等于自己对袁术有恩。于是，他开始骄傲，开始膨胀，觉得自己是三国"一哥"。然后，他又开始调皮，开始任性，放纵部下抢东西。这些让袁术非常头疼，估计他在不经意间显露出了厌恶的神情。

吕布心眼儿也活泛："此处不留爷，自有留爷处！"

于是他又跑了。这回他投靠了占据河内的张杨，这位也是群雄之一，他们是同乡，有点交情。

可那时候，有人悬赏捉拿吕布，张杨的手下们就开始打吕布的主意。吕布何等机灵的人啊，一看张杨的手下们最近看自己的眼神都不对，他的脾气一下子就上来了，于是他生着气逃跑了。

这回吕布跑到袁绍那儿去了。袁绍还真敢用他，让他去攻打常山的张燕。

话说，这张燕也很牛，手下一万多精兵，几千骑兵。但是架不住吕布身手好，他的坐骑是赤兔宝马，这在当时算跑车。吕布骑着它，辗转腾挪，飞跨壕沟，带着手下几十人就敢冲进张燕的军队。他也不嫌累，去得很勤，有时候一天去三四次，连饭都不让张燕好好吃，每次还能砍了敌人的首级回来。连续作战了十多天后，终于把张燕打败了，感觉张燕的部队像是被烦败的。

后来，吕布和他的部下仗着战功，又开始骄傲，开始膨胀。这让袁绍也开始头疼。吕布一看："每次别人想轰我走的时候，都是这个样子。"看来还得跑啊，于是吕布请求袁绍让他回洛阳。袁绍表面同意，可暗地里却派猛士想除掉吕布。

要说吕布察言观色的能力也是不凡，他居然猜到袁绍打自己的主意，于是就派人假扮成他，在营帐里弹古筝，自己悄悄溜走了。袁绍的部队深夜偷袭，没想到吕布已经跑了。袁绍知道之后大惊失色，心想："他别反过来对付我啊！"于是袁绍悬赏捉拿吕布，可是根本就没人敢靠近吕布，更别提捉拿了。

那么，吕布这回投奔哪儿了呢？他又跑去找河内的张杨了，一点也不嫌寒碜，大喊一声："张杨，我又张扬地回来了！"

吕布虽然武艺超群，可貌似在哪里待的时间都不长。他自己心里也犯嘀咕："怎么回事啊？怎么谁见了我，没两天就头疼啊？都不喜欢我？不，一定是因为我太优秀了。"

没多久，吕布经过陈留，太守张邈派人迎接了吕布，对他盛情款待。俩人处得不错，吕布很开心，这回张邈也没头疼。不久之后，张邈请他当了兖州牧，占据濮阳。

张邈也有私心，他是想拉拢吕布，然后观察时局，伺机而动，成为一方的霸主。可霸主没做成，张邈、吕布这哥俩做了靶子。可能是他们俩太显眼了，让曹操比较烦，总觉得他们在喊“来打我呀，来打我呀”。曹操心想：“那就打吧。”

于是，曹操率军攻打吕布，双方大战了很多次，最后吕布被打跑了，张邈被自己的士兵给秒杀了。这回吕布跑哪儿去了呢？他跑到刘备那里去了。

经过多次的训练，吕布已经跳槽跳出经验来了，逃跑流程了如指掌，而且跳完之后，完全没有心理负担。到了刘备那儿，他就开始与刘备套近乎。吕布在帐中摆上酒席，他们聊天喝酒，一开始气氛还算融洽。

吕布向刘备抱怨，说：“想当年关东军起兵，大家都想杀董卓，结果我把他杀掉了，怎么关东诸将谁都不愿意收留我呢？你说这是为什么呢，贤弟？”

按理说，吕布投奔刘备来了，寄人篱下，无论如何也不该再充大辈了。可吕布没想那么多，一口一个贤弟，叫得刘备心里一直喊：“我也有点头疼……你快走吧！”但是刘备演技好，虽然心里不舒服，却没表现出来。

后来，刘备和袁术发生了摩擦，此时的刘备任徐州牧，住在下邳。那么吕布该帮谁呢？就在这个关键时刻，袁术给吕布写了一封信，大体意思是：“您对我有恩，如果您能帮我欺负刘备就更好了。”

而这里面还有几句至关重要的话，就记录在《后汉书》中：“术虽不敏，奉以死生。将军连年攻战，军粮苦少，今送米二十万斛。非唯此止，当骆驿复致。”这话太有诱惑力了，说的是，袁术我虽然没有什么才能，但愿至死侍奉您。将军连年作战，苦于军粮不够，现在送上二十万斛大米。并非到此为止，我还将会不断地送去粮食。

这让吕布毫不犹豫地决定攻打刘备。于是，他带兵很快就成功偷袭了下邳，而且还俘虏了刘备和部将的家人。袁术开心啦，付出点粮食，就捡了一个大便宜。可这之后，他就没再送过粮食给吕布了。吕布很气愤，跺着脚大喊：“都是套路！”

刘备虽然逃走了，但逃得也是精疲力尽，于是他转头准备向吕布投降。赶得倒巧，正好吕布嫌袁术没继续给粮食，于是他对刘备换了一副嘴脸，居然派车马迎接刘备，还让他担任豫州刺史，驻守小沛。刘备都蒙了，心想：“先打我，让我失去了地盘，然后又迎接我，给我地盘，大哥您图什么啊？好玩吗？”

没办法，谁让吕布最大的特点就是主意变得快，喜欢反悔呢。

袁术一看，吕布和刘备有和好的迹象，怕吕布对付自己，便想到了和亲这个办法。于是，袁术替儿子求亲，想迎娶吕布的女儿，结果吕布答应了。袁术很开心，这下好了，和吕布成了亲家，都是一家人了，这以后还有什么可说的，自然是帮我啊。他马上派大将纪灵等人率领三万步兵和骑兵攻打刘备。

刘备向吕布求救，结果吕布说：“救。”

吕布的手下们也快疯了，心想：“将军，您到底想帮谁？我们的心好乱啊。”实际上，他的手下也的确问了，说：“将军，您原来不是想杀掉刘备吗？现在正好可以借袁术的手除掉他，怎么又变了？”

吕布说：“不行，袁术灭掉了刘备，我就被袁术包围了。”他二话不说，带着一千多步兵和骑兵去营救刘备。

纪灵那边一看吕布来了，也不攻击了。刘备也退守阵地。两边人都等着吕布下一步的动作，大家心里都清楚，吕布做的下一个决定，现在连他自己也许都不知道。

吕布把兵马驻扎在沛县城外，接着便派人去叫刘备和纪灵，说想请他们吃个饭。结果一帮人稀里糊涂地吃了顿饭。

脑洞剧场

吕布："诸位将军，刘备是我吕布的兄弟，被各位围困，所以今天我是来救他的。"

周围人都笑着说"是是是"。其实心里想的是，貌似当初你也打刘备了好吗？

吕布："我吕布天生就不喜欢跟别人动武。"

周围人都笑着说"是是是"。其实心里想的是，哦？是吗？

吕布："我只喜欢劝解大家停止动武。"

周围人都笑着说"是是是"。其实心里想的是，你是奥斯卡影帝吗？

上面这段基本符合真实情况。总之，吕布这次是来劝架的。他用了个什么方法呢？很简单。

他命人把一杆戟立在军营门口，接着他拿过弓箭，对众人说："各位请看，如果待会我射中了戟上的小支，你们就各自罢兵，如果没射中，你们再留下来决斗如何？"说话间，嗖的一下，吕布射出了一箭，那箭不偏不倚正好射中了小支。众人无不夸赞吕布的神威。然后，第二天大家又吃了顿饭，就各自退兵了。

虽然袁术的目的没达到，可袁术还是想笼络吕布。

因为以后他称帝了，得有几个强人帮衬着才行。于是，袁术派手下韩胤将称帝的事儿告诉了吕布，接着顺便请求把儿媳接走，这就算联姻成功了。

吕布很随和，没多想，就让女儿跟着韩胤去了。那边前脚刚走，这边就有人劝吕布，说：“你们联姻不好，恐怕会得罪曹操的，您最好跟曹操联合起来，不然后果不堪设想。”吕布点点头，立马反悔，派人把女儿又追回来了。不仅如此，还把韩胤也追回来给杀了。

这把袁术给气的，都说“女人心海底针”，而吕布的心简直就是海底的便便啊，不仅难找，还臭！

这回袁术是真急了，马上派了几员大将率领几万步骑兵，分七路攻打吕布。结果在吕布的挑拨离间之下，他们反而被吕布给打败了，死了不少人。不难想，袁术恨吕布肯定都恨得不行了。

没想到，建安三年（198年），吕布又投靠了袁术……

等等，这剧情变化也太大了吧！所有的人都数不清，吕布到底投靠过多少个人！不过，这里面似乎有一个规律，那就是他投靠谁，谁倒霉。

不久之后，曹操准备亲自领兵攻打吕布，打之前先给吕布写了一封信，想劝降他。吕布也是个干脆人，收到信后，当时就想投降。

但是他手下的谋士陈宫不愿意，他跟曹操有过节。于是他就对吕布献策，说："咱有办法。咱防守就行了，只要将军您把步骑兵驻守在城外，我率领其余的人马关了城门把守。咱们里应外合，用不了一个月，曹操粮草用完了，他就得败。"

吕布听完很激动，说："果然好计策，就这么办！"

紧接着，吕布家人又对吕布说："陈宫要是把将军关在外面不开门了，可怎么办啊！将军不要听陈宫的计策。"

"好的，那我不听！"吕布又反悔了，最后还真没听陈宫的。

吕布暗中派人向袁术求救。袁术后来没来，但是估计也为吕布捎去了鼓励，比如："相信你一个人可以的！"就这么熬着，后来吕布军中熬出了好些叛徒，里应外合之下，吕布最终一败涂地。

这就是吕布，虽勇武过人，可让人却总觉得他身上少了点定性。哀其不幸，怒其不争，真希望吕布能在心底问问自己："吕布啊吕布，你坚持过什么？你的信念是什么？你又是为什么而战，为什么而活呢？"

5 周瑜

早亡的英杰

在我们身边也许有这样的人，他明明可以靠颜值吃饭，却偏要拼实力。正所谓走完所有的路，让别人无路可走。在三国时期，周瑜就是这样的人。

对周瑜的认识，相信大家印象最深的就是《三国演义》中的那句名言：既生瑜，何生亮。第一次听到这句话的时候，我感到十分困惑。为什么是纪生瑜，何生亮呢？周瑜的爸爸姓纪，诸葛亮的爸爸姓何？都不随父亲的姓吗？后来才知道这句话不是说家庭背景的。

那么现在必须清楚的是，历史上周瑜不可能说过“既生瑜，何生亮”这句话。

要知道，当年孙策发迹的时候，就曾获得过与他同岁的周瑜很多帮助，两家的交情很深。

孙策带着母亲经过周瑜的地盘时，周瑜经常去拜见孙策的母亲，而孙策的母亲也拿周瑜当自己的孩子一般。在年龄上，后来吴国的国主、孙策的弟弟孙权应该算周瑜的弟弟。而且孙权的母亲还特别嘱咐孙权，对待周瑜要像对待兄长一样。

毫无疑问，周瑜有骄傲的资本，但是他没有骄傲。在孙权的职称还是将军的时候，周围的文官武将对他的礼节还非常简单，可周瑜却不一样，他处处表现出对孙权的无比尊敬，行人臣之礼，当对待皇帝一样施礼。由此，我们就能看出周瑜的一些风度。

史书对周瑜的评价是，心胸开阔，气量宏大，从不计较个人得失，很得人心。不过，有一个人和周瑜的关系不太好，那就是程普。

程普在东吴那边应该算老资历，不光资历老，岁数也大，所以他总是仗着自己年长，没事儿就欺负周瑜。可周瑜却总是自降身份去包容他，从来不和他计较。时间久了，就连程普都不得不给他一个好评。

这句好评就记录在《江表传》里，说："与周公瑾交，若饮醇醪，不觉自醉。"意思是，和周瑜交往，就像喝香醇的美酒一样，不知不觉，人就醉了。

由此可见，程普对周瑜评价之高。按照周瑜的一贯素质，诸葛亮要想把他气死，那只能是把自己活活累死。

在我们接触的一些文学作品中，周瑜好像总跟个不懂事儿的小孩似的，而诸葛亮则更像个老谋深算的大叔。可在真实的历史中，周瑜是 175 年出生，诸葛亮是 181 年出生，也就是说周瑜比诸葛亮还要大六岁。

综合上面所有的因素，我们可以确定的是，周瑜是一个很大度的人，这样的人又怎么可能被诸葛亮气死呢？

所以，有时候我们需要带着怀疑的眼光来看待历史，这样才能更加接近真实。无论如何，我们总算把"既生瑜，何生亮"这句话给毁了。

有时候对事物的认知就是这样的，所谓不破不立，为了更好地认识他，也许我们首先要破坏对他原有的认识。那么在历史中，真实的周瑜到底是什么样的呢？

首先，周瑜长得特别帅，《三国志》里说他“长壮有姿貌”。这是什么意思呢？是说周瑜不仅人长得好看，而且个头高大，身材特别地好。

不过，这对于周瑜来说这还远远不够。他还可以更完美，因为周瑜的出身也非比寻常。周瑜他们家属于高贵的官宦世家，我为什么要用高贵来形容？因为，他的堂祖父和堂叔都曾官居汉朝的太尉。而周瑜的父亲也不是一个简单人物，他官居汉朝的洛阳令，管着都城洛阳城，也就是当时国都洛阳的行政长官。

所以，估计当时的女孩子们见到周瑜，都想对着周瑜高喊：娶我！

但周瑜显然是一个注重内涵的人，在自己颜值如此之高，背景如此之强的前提下，他还努力地提升着自己的内涵，生怕别人怀疑他是“花瓶”。

据说，周瑜在年少的时候就精通音律，即使在喝了酒的情况下，只要弹奏者有些许的差错，他就能立刻察觉到。这时候他便会扭过头来，看着刚才那个弹错的人。这就是“顾曲周郎”的典故。

周瑜长得本来就帅，喝多了之后，小脸蛋红扑扑的，也许更增加了一分可爱。那时候，负责弹奏的大部分是女人，估计为了让周瑜多看自己一眼，肯定有故意把曲谱弹错的。

想想当时的画面。周瑜酷酷地喝着酒，喝至微醺，忽然听见有个音弹错了。

脑洞剧场

周瑜何等地敏感，那曲子弹错一点也不行啊。于是，他回头看着那个女琴师，“系（是）不系（是）你？”周瑜喝多了，舌头有点大，“系（是）不系（是）你弹错了？”

女琴师害羞道：“就是我。”

周瑜点点头：“你怎么还有点……骄傲呢？”

女琴师摇了摇头：“小女子没有别的愿望，我弹错，只是希望您在人群中多看我一眼。”

周瑜也摇了摇头：“你不要以为我喝多了，就欺负我。你以为就你一个人弹错吗？你们这帮人全都不对！”

上面这段是我编的。不过人帅是非多，对周瑜来说，被美少女们围追堵截已经是家常便饭了。但那些庸脂俗粉怎能入得了周瑜的眼呢？况且，周瑜的妻子堪称完美。

我们知道，孙策打江山的时候，跟周瑜关系特别好，俩人同岁，生日就差一个月，打仗俩人配合得也很默契。

有次，他们打到了一个地方，此地有个名人乔公，他的两个女儿，就是三国时期有名的两位美女：大乔和小乔。孙策、周瑜一点儿也没客气，哥俩就把大乔、小乔姐俩给娶了。

哥俩心想："这样关系不就更铁了吗？"

不过，也许乔公不太乐意："他们哥俩想搞好关系，这没问题，可凭什么让我搭俩闺女？"

后来，兄弟俩分开过一段时间。这段时间，周瑜被袁术惦记上了。袁术听说周瑜很有能耐，想收到自己的帐下。可周瑜一眼就看出了，袁术这个人是成不了大事的。而且周瑜本人也讲义气，便表面答应袁术，而暗地里奔向吴地了。

对东吴来说，周瑜是不可或缺的力量。早在刘备担任荆州牧时，周瑜就上疏孙权劝其警惕刘备，说刘备有枭雄之姿，手下又有关羽、张飞，不是久居人下的人。他建议孙权请刘备入吴地，用宫室、美女耗其心志，分离刘备与关羽、张飞；以免刘关张三人聚在一起割地自立，一旦将三人放归疆埸，恐如蛟龙得云雨，终非池中之物。虽然孙权后来没有采纳周瑜的计策，但也不难看出周瑜的远见卓识。周瑜一心为孙权打算，企图率兵为孙吴取得益州，结果病死途中，年仅三十六岁。让人不禁感叹：如此英雄豪杰，竟然早亡。可惜！

遥想公瑾当年，雄姿英发，羽扇纶巾，谈笑间樯橹灰飞烟灭。当年的赤壁之战，如果没有周瑜，也许根本就打不起来。从常理来看，如果没打起来，也许根本不会出现三国时期。此话怎讲呢？

当时的情况是这样的。曹操带兵进入荆州，原荆州牧刘表的儿子刘琮投降了。曹操一下子得到了数十万的水兵和步兵，估计这让曹操有了点暴发户的心态，于是准备顺长江东下。

曹操很调皮，他先给孙权写了一封信，这封信的内容很简短，只有三十个字，就记录在《江表传》里面，信里说："近者奉辞伐罪，旌麾南指，刘琮束手。今治水军八十万众，方与将军会猎于吴。"曹操的意思是：我最近奉天子之命，讨伐有罪的叛逆，军旗指向南方，刘琮已经降服了。如今，我统领水军八十万人，将要与将军在吴地一起打猎。

公瑾，
有人欺负我！
冲冲!
冲冲!!

其实，这就相当于一封战书。这封战书到了东吴后，一下激起了轩然大波。怎么办？究竟是打，还是降？

于是，孙权把文武群臣都叫过来开会。大臣们的想法特别一致："主公，您英明神武，眼下这种情况，当然是投降啦。"这可把孙权气坏了。大臣们肯定是想投降，因为投降之后对他们没有多大影响，还可以投靠新主公。但是对于孙权来说，投降可不是什么好主意，最好的结果就是死。

到了关键时刻，似乎人们都只想着自己。只有两个人与他们不同，首先就是鲁肃，他站了出来，明确反对投降，并说："你们说的都不对，主公还是快把出使的周瑜叫回来吧！"

就这样，孙权把周瑜叫回来了。在朝堂上，周瑜摆事实讲道理，归根到底就是一个字：打！

听完周瑜的一番激烈陈词，孙权拔刀砍掉了一个桌角，对群臣说道："各位，谁要是再敢说投降曹操，就和这张桌子一样。"

私下里，周瑜给孙权详细分析敌我双方的力量，从战略到战术，都有理有据。因此，孙权非常倚重他。

赤壁之战由此爆发，而结局就如周瑜想的一样，火烧赤壁，曹操以惨败收场。这其中决定胜负的，也许有孙刘联军的齐心协力，有黄盖的诈降妙计，有周瑜的运筹帷幄。但很遗憾，正史中没有大家熟知的诸葛亮借东风和草船借箭的记载。这两个故事均出自《三国演义》。

周瑜的才干是毫无疑问的，就连三国时期的各位统治者都不得不承认。刘备曾单独对孙权说过一句话，他说："周瑜文才武略，是万里挑一的英雄，看他的度量如此之大，恐怕不会永远做别人的臣子。"刘备的这句话简直就是传说中教科书一般的"捧杀"。

而曹操也在赤壁之战后给孙权写了封信，大体意思是，赤壁之战的时候，曹军疾病蔓延，是我自己下令烧的船主动撤退的，没想到却成就了周瑜的名声。

大家想想就连刘备、曹操都想通过谗言让孙权不信任周瑜，就知道周瑜在他们心中的分量了。可显然最后他们没有成功，孙权正式称帝的时候，说了这样一句话：如果没有周瑜，我做不了皇帝。

难以想象，如果周瑜的寿命可以再长一些，三国之间又是怎样的一番局面呢？

6 张飞

不识庐山真面目

说到张飞这个人，很多人的脑海里，可能都会浮现出“豹头环眼，燕颔虎须，声若巨雷，势如奔马”的形象。京剧里面，张飞也挺丑的，是个黑脸的壮汉，但在这里黑色代表着刚正或者莽撞。

综合上面的描述，有一点毋容置疑，那就是张飞丑得很有特色。

按照《三国演义》的说法，关羽是美髯公，胡子好看，算帅的；刘备大耳垂肩，面如冠玉，也还不错；最尴尬的就是张飞，长得丑，可能因为长得太黑，整张脸看得最清楚的，也就是他的小白牙了。

于是，在《三国演义》多年的熏陶下，我们印象中的张飞就成了一个莽撞的黑壮汉。

有个成语叫三人成虎，意思是，一件事说的人多了，就容易让人信以为真。别说三个人，一万个人里面，肯定也有九千多人对张飞的印象是《三国演义》里写的那样，而剩下那不到一千人，则会试图寻找答案。

带着思考看历史，这是一个好习惯。那历史上真实的张飞到底是个什么样的人呢？我们不妨去史书中找点线索。

先说说张飞的长相问题，如果写篇论文，那应该叫《论张飞到底丑不丑》。

翻一翻陈寿写的《三国志》，会发现一个问题，就是陈寿这位同志，绝对不是按字数算稿费的作家。他简直是惜字如金，《三国志》里没有一句废话，可惜的是，许多我们感兴趣的地方，也被陈寿当废话处理了。比方说，张飞的长相，陈寿肯定理解不了现在这个看脸的时代。

不过，在《三国志》里面，还是能发现一个规律，那就是只有实在不同寻常的长相，才会吸引陈寿的注意，比如，刘备的大耳垂肩、双手过膝。

东晋史学家裴松之做的注释中，就是知名度比较高的蜀汉五虎上将，说到容貌问题也只对赵云的有所交代。但也只是说他长得比较帅，剩下的人就没有介绍了。

这说明关羽、张飞、马超、黄忠这哥几个，也许不是特别帅，但也绝不是特别丑。所以，对张飞外貌的综合评价应该至少是能看。

就是这样一个长相普通的人，他却有着不同寻常的技能。第一个技能就是——嗓门大。这也算技能吗？当然！

张飞的嗓门不是一般的大。想当初，在当阳长坂，张飞一嗓子就吓退了五千曹军。这个事迹在《三国志》里是有记载的："飞据水断桥，瞋目横矛曰：'身是张益德也，可来共决死！'敌皆无敢近者。"

话说，当时刘备带着兄弟几个，一路玩命地跑，曹操让曹纯带着五千军队也是一路玩命地追，追了一天一夜，终于快要追上刘备一伙人了。刘备是何等机智的人，为了逃命，他毅然决然地让张飞带着二十个人前去断后。

不知道当时，刘备周围会有多少人在心底问一句："主公，你识数吗？"这数学也太烂了，二十个人怎么跟五千人打啊？

但是张飞猛啊，他骑着马，跑到桥头，拿出自己的兵刃，大喊一句：“我就是张益德，谁来跟我决一死战！”敌方没有人敢靠近。张飞喊的时候，手下那二十个人也没闲着，已经开始了对桥面的拆除作业。

史书没有记载曹军之后的行动。但我想可能是这样的。曹纯这边人心想：“还说要决一死战，你那边都开始拆桥了，我跑过去，不就掉水里了吗？”

曹纯左右环顾了一下，“谁去？”

手下们点点头，“我们都不会游泳……”

曹纯：“撤！”

不过，这件事足以体现出张飞那不同常人的气魄，因为他至少有带着二十个人跟五千大军作战的勇气，而且他那嗓门，相信也的确震慑到了曹操这边的人。

曹纯带着虎豹骑追来，可能，张飞立在桥头一嚷嚷，愣是叫所有的人都忘了，自己这边还有弓箭！这要是先往对面射几轮，估计后面三国就没有张飞的戏份了，蜀汉也就只剩下四虎上将了。这说明，张飞嗓门大得已经到了可以影响人类智商的程度了。

总之，嗓门大，这算是张飞的一个技能。这时候，可能会有女孩子跳出来说：“一个长相普通的人，嗓门还这么大，这在我们女孩子眼里，可是要减分的。”

先别急着减分，下面跟大家说说张飞的第二个技能——精通书法。

我们一般的印象里，张飞不是一员武将吗？那平时拿着兵刃的大粗手，难道还会写字？没错，张飞不但会写字，而且据说写得相当好。有迹可循的，那就要从八濛山之战说起。

话说，曹操打败了张鲁之后，就把夏侯渊、张郃留下来镇守汉中。张郃当时已经算是名将了，善于谋略、精于兵阵，很了不起。作为名将的他也着实闲不住，心想老这么待着，也不是个事儿，得找个地方锻炼锻炼身体啊。于是，他带领着几支军队准备拿下一个叫作巴西的地方。

大家可以不用自行联想“那个爱踢足球的国度”，因为此巴西非彼巴西，压根儿不是一个地方。

而当时张飞的职务是巴西太守，当然，是刘备单方面承认的。张郃想夺取巴西，并打算把那里的人们都迁到汉中。古时候，人口是很重要的资源，张飞肯定是不愿意。两股力量就这样斗在了一起，相持了有五十多天。

要说张郃也挺惨的，大家都知道张飞那嗓门，每次

打仗，相信张飞都少不了随机赠送张郃“几嗓子”。所以，张郃除了要跟张飞打仗，还要抵挡张飞噪声般“无微不至”的各种问候。

另一边，张飞还不乐意呢，“凭什么一直是我在喊话，张郃就不吭声？”

旁边的士兵赶紧劝：“大人，我对天发誓，人家张郃可喊话了，但您的声音太大，他的全被压下去了。”

张飞点点头："我冤枉他了，我还以为他内向呢。"

知道张郃还嘴，张飞就更好意思下手了。他立马率领一万多精兵，从另外一条道路拦截了张郃的军队，对方士兵一下子就蒙了，怎么哪都有张飞的人？

山路狭窄，连跑都不好跑，前后也不能相互救援。据说当时，张郃本来是想要超过张飞的军队人数的，但是这场仗打完之后，张郃叫人清点一遍自己的士兵。

脑洞剧场

张郃："数数咱们还剩多少人？"

手下："报告，数完了！"

张郃："这么快！多少？"

手下："加上您，还有十几个。"

张郃点点头："还有十几个人……"

手下："将军，您……怎么哭了？将军，四舍五入能到二十！"

张飞打败张郃，巴西这片土地终于安宁了。张飞很高兴，牵过坐骑，拿起自己的兵刃就开始在八濛山的石壁上写字。他心里想着："一定要把张郃的怂样给记录下来才行。”

越想越兴奋，张飞扯着嗓门就笑了起来，那分贝可是要命的。

急得旁边的士兵喊：“将军！笑下留命！”

张飞点点头，继续写字。

说起来轻松，但大家想想，拿着兵刃在石壁上，要想写出毛笔字的感觉，就算兵刃再锋利，也肯定不是很轻松的事情。但据说张飞一气呵成，在石壁上写了一行字：“汉将军飞率精卒万人大破贼首张郃于八濛，立马勒铭。”

这件事在很多史料中都有记载，比如《太平清话》《蜀中名胜记》《方舆纪要》等。而记录过关于张飞写字好的书籍就更多了。总之，他书法好有据可查。

闹了半天，原来张飞的文化程度还不低，弄不好还是个三国时期的学霸呢。忽然似乎明白了，为什么张飞特别敬重有文化的人，而对士兵却极为不屑。

看到这儿，是不是已经有女孩子默默为张飞点赞加分了？这时要是有一位女神出现，可能分分钟上演《霸道学霸爱上我》。

说到张飞的爱情，确实可谓惊天地泣鬼神。他不但抱得美娇娘归，而且自己的身价也是蹭蹭蹭往上飞。不得不叹服，张飞有一个好名字。

张飞的爱情故事，就记录在《魏略》里："建安五年，时霸从妹年十三四，在本郡，出行樵采，为张飞所得。飞知其良家女，遂以为妻。"说的是，夏侯霸的堂妹，当时十三四岁的样子，有一天出门去捡柴火，结果被张飞给瞧见了，张飞点点头："这个，可以娶！"

脑洞剧场

张飞慢慢走向姑娘，准备搭讪："今天，天气不错。"姑娘没吭声。

"姑娘，你长得真好看！"姑娘还没吭声。

"可惜了，是个哑巴！"姑娘笑了。

张飞提高了点儿嗓门："我说啥你也听不见吧？"

这时，姑娘说话了："嗓门本来就大，你还好意思喊！"

上面这段是编的。几番交谈之间，张飞发现这是一个好姑娘，于是娶她为妻，这就是张飞的妻子夏侯氏。据说，后来两个人感情特别好，生了两个女儿，两个女儿还先后嫁给了刘禅，做了皇后。所以在蜀汉这边，张飞还是国丈。

夏侯氏的身份也不一般。前面说过，她的堂兄是夏侯霸，而夏侯霸的父亲正是夏侯渊。夏侯氏跟夏侯渊的关系还要更好些。因为在天下大乱，没有余粮之际，夏侯渊是在放弃了自己幼子的情况下，把她抚养长大的，所以她也算是夏侯渊的养女。那么后面就好说了，夏侯渊是曹操的族弟，夏侯氏也就是曹操的侄女，张飞是曹操的侄女婿。

绕了一个大弯，原来张飞和曹操也是一家人。

至此，历史上张飞的庐山真面目揭晓。作为武将的他，其实是一个长相普通、嗓门很大、书法极佳的人。

7 杨修

假聪明的本名叫真傻

世界之大，无奇不有。所谓林子大了，什么鸟都有；浪大了，什么海鲜都有。甭管什么事情，只要有人参与，这个事情通常都会复杂很多。因为人也分很多种，有的人是真聪明，有的人是自作聪明，还有的人是真傻。

三国时期，有一个人因吃了曹操的零食而被载入史册。他便是杨修。

曹操周围几乎所有的人都承认，杨修是一个学问渊博、聪慧至极的人，所以曹操让他当了自己的贴身秘书。史书记载，当时很多军国大事，里里外外都要杨修跟着忙活，而且每件事情，他都能办得让人称心如意。

这样的人，曹操自然很器重，周围的人自然也想要亲近他。正所谓近朱者赤，近墨者黑。也许大家觉得，跟聪明人在一起久了，自己也能灵光点。

杨修到底有多聪明呢？从他对曹操心意的揣摩上就能看出来，首先说说著名的吃零食事件。

先说吃的是什么，流传比较广泛的版本里说吃的是酥，这是《三国演义》中写的。而在《世说新语》中是这样记载的："人饷魏武一杯酪，魏武啖少许，盖头上题'合'字以示众，众莫能解。次至杨修，修便啖，曰：'公教人啖一口也，复何疑？'"

《世说新语》当中记载的这个零食，显然不是我们知道的酥，而应该是乳酪。其实"酥"从魏晋到明清指的都是奶制品。

意思是，当时有人送给曹操一杯乳酪。曹操拿过来吃了一点，觉得味道还不错。于是，他在盖子上写了一个"合"字，其实这是一个字谜。曹操很调皮，写完了之后让大家看，可周围的人，谁也看不懂这个字谜的意思。

曹操拿着这杯乳酪问周围的人："写的是什么？"

下面人集体回答："合！"

"我让你们认字了吗？合什么？"

下面人说什么的都有："合二为一！""一言不合！""合久必分！""分久必合！"

曹操很无语："不理解我也就算了，竟然还当着我的面玩成语接龙！"

这时，听到有人喊："不好啦，杨修想不出来，把乳酪吃啦！"

杨修当然不是想不出来，而是他才是真正懂曹操的人。他看出了里面的玄机，因为"合"这个字拆开来看，从上到下念就是"人一口"。所以，杨修吃了一口乳酪，说到："主公这是让我们一人吃一口啊，还等什么？"

上面是我编的，不过曹操这人似乎特别爱猜字谜。

有一次，杨修带着一帮人准备建丞相府的大门。刚搭起来一个大概的样子，曹操来视察，前后看了看，也不说话，让人在门框上写了一个"活"字，写完转身就走。

这帮人站在那里犯傻，心想："主公这是什么意思？"

他们赶紧把杨修找来，刚开始大家一起猜，讨论得热火朝天："半死不活！""活泼可爱！""爱上生活！""活……活血化瘀！"

杨修很生气："上回猜的时候，也有你们吧？"他赶紧告诉大家正确答案，说："门里面写一个活字，这不就是'阔'吗？这是嫌门大，赶紧把门拆了！"

所以后来，只要一猜字谜，大家就赶紧把杨修找来，让他来猜，"这个你来吧，我们来不了，我们说出来的都是成语。"杨修心想："你们说的那也叫成语？"

不过在猜字谜这个领域，杨修还真算是高手，连曹操都自愧不如，而且据曹操本人的说法，他俩之间的水平还差距不小。

话说有一次，曹操和杨修经过曹娥碑。曹娥是古时的一位孝女。传说，她的父亲在江中溺亡，好些日子都没有找到尸体，曹娥当时年仅十四岁，哭着昼夜不停地沿江寻找父亲。十七天之后，她也投江了，又过了五天，她的尸体抱着父亲的尸体浮出水面。后人为了纪念她的孝行，为她立了一个碑。

他们看见石碑上有人写了个字谜，谜面只有八个字

“黄绢幼妇，外孙虀臼”。这让两个字谜爱好者自然要猜一猜，比一比。

曹操看了看，笑了：“这个字谜有点难度。”

杨修看了看，笑了：“这个字谜有点简单。”

曹操愣了：“你猜出来了？”

杨修的确猜出来了，但曹操不愿他说出答案，因为觉得能凭自己的能力猜出来。就这样，俩人一起走了三十里路，曹操终于想明白了。然后，杨修和曹操一人手里抱着一个题板，开始写自己的答案。

这八个字实际上每两个字暗指一个字。黄绢，是有颜色的丝，色和丝组合在一起就是“绝”字；幼妇，是少女的意思，少女合一起就是“妙”字；外孙，是女儿的儿子，女子合一块就是“好”字；虀臼，是承受辛辣东西的器具，受辛合一起变成了辞字（“辞”的繁体字是“辤”）。所以，这八个字的谜底就是绝妙好辞。

再看曹操和杨修，他们果然在题板上写出了相同的答案：绝妙好辞。

曹操不禁感叹：“杨修啊杨修，我猜字谜赶不上你，咱俩竟然相差了整整三十里啊！”

这就是一些人口中那个聪明盖世的杨修。那他到底是真聪明，还是真傻呢？

杨修是一个聪明人，至少他周围的人都这么觉得。有时候，他就像曹操肚子里的蛔虫，曹操心里想什么，他都知道。这就足以使他在同事间的人气一路走高。其实在官场上，能次次猜中上面的意图，这本身就是安身立命的本事。

但是聪明的人也有他们的弱点。通常聪明人最大的弱点就是太聪明，容易“聪明反被聪明误”。

杨修就有一个自作聪明的重大失误：让自己卷入曹操的继承者之争。话说，当时有竞争力的继承者其实只有两位，一个是曹植，另一个就是曹丕。

一开始，曹丕的优势并不明显。虽然曹丕也是个文武双全的文艺青年，六岁会射箭，八岁就能骑马射箭，而且诗词歌赋也有一定的造诣。但是跟曹植比起来，还是差了那么一点。

曹植实在太优秀了。据说，他从小才华横溢，十多岁就能够无障碍朗读《诗经》《论语》以及数十万字的辞赋。写文章对他来说，更是信手拈来。不仅如此，曹植一般为人还很低调，天性随和、平易近人，基本不摆架子，出门坐的车马、穿的衣服也从不追求奢华，提倡节俭。这样的孩子，谁见了会不疼爱呢？

我们知道，曹操本身就是一个集军事家、政治家、诗人等诸多名号于一身的牛人，而且他在诗词上的成就更是常人难以企及的。所以，当他注意到了曹植那过人的才华之后，文艺青年的一面自然会鼓动他，在选择继承者上更倾向于曹植。

实际上，在杨修心里早已有了人选，那就是曹植。首先，曹植本身就是一个闻名天下的才子，这一点可能更对杨修的胃口。其次，杨修自认为比较了解曹操，看到曹操这么喜欢曹植，于是就把宝全押在了曹植的身上。

当时曹植的智囊团里，除了杨修，还有丁仪、丁廙，这些都是支持曹植的中坚力量。还别说，真有效果。在他们仨的帮助下，据说曹植有好几次差点就当上了太子。这一切都离不开杨修他们的精心策划。

但千万不要忘了曹丕这个强劲的竞争对手。再说说曹丕的智囊团队，分别是司马懿、陈群、吴质和朱铄。

《晋书》里说，这四人在曹丕身边号称四友。四人当中，司马懿、陈群的谋略绝对是当时数得着的厉害，特别是司马懿，曹操他们家的江山最后都让司马家给抢了。再说吴质，他也是个心机深沉的人，而且文才也佳，官居朝歌长。最后是朱铄，史书上对他的记载不多，不过可以确定，他在曹丕手下，同样是个举足轻重的能人。

两方较量之下，杨修他们这边就有点吃不消。到了关键时刻，是真聪明还是真傻，立马见分晓。

《三国志》里面记载着这么一件事儿："（修）与丁仪兄弟，皆欲以植为嗣。太子患之，以车载废簏，内朝歌长吴质与谋。修以白太祖，未及推验。太子惧，告质，质曰：'何患？明日复以簏受绢车内以惑之，修必复重白，重白必推，而无验，则彼受罪矣。'"

意思是，杨修和丁仪兄弟，都想让曹植成为曹操的继承人。曹丕为此感到不安，于是把朝歌长吴质藏在废竹箱子里，用车偷偷带进府中商量计划。杨修知道了这件事，就告诉了曹操。曹操听说之后准备派人调查。

还没来得及调查呢，曹丕就已经害怕得不行了，把这事儿跟吴质说了。谁知吴质却笑了笑说："这有什么大不了的。明天再把装了绸子的竹箱运进府里，让杨修接着告状。等到查无实据，遭殃的是他们。"

果不其然，第二天曹丕派人把装着绸绢的竹箱运进府中之后，杨修就又去曹操那儿告状了。曹操这回是真忍不住了，马上派人去调查。这一查，发现竹箱里根本就没有人，只有绸子。从此，曹操对杨修产生了怀疑。

一计不成，又生一计。既然团队已经斗不过曹丕的四友了，那么就只能依靠曹植的个人魅力了。可这一招还是不行。

在《三国志》里记载了这么一件事儿："魏王尝出征，世子及临菑侯植并送路侧。植称述功德，发言有章，左右属目，王亦悦焉。世子怅然自失，吴质耳曰：'王当行，流涕可也。'"

意思是，有一次曹操要出征，曹丕和曹植一起在路边送行。曹植发挥自己的特长，一番歌功颂德，出口成章，左右大臣都说好，曹操也很高兴。

曹丕很郁闷，心说："我可怎么办呢？文章我哪儿比得过曹植啊！"

这时候，吴质对他一番耳语说："大王走的时候，你啥也不用说，哭就行了，听我的准没错。"

只见辞别曹操的时候，曹丕一顿哭，哭的那叫一个凶残，"父亲呀父亲，生我养我的英雄！特别帅，特别强，舍不得你去打仗！父亲！我舍不得您啊！呜呜呜……"

曹操听完心里不是滋味，“你别唱了！你的心意我明白了。”

不过经过这件事，大家有了一个共同的印象，那就是文章虽然是曹植华美，但说到孝顺还是曹丕强。

就这样，曹丕在四友的策划帮助下，在争夺继承者的过程中逐渐占了上风。之后，顺理成章地被立为世子。因此，史书中一般直接称曹丕为世子或太子。

此时，聪明盖世的杨修是真傻了，凡是被牵扯进夺嫡之争，而且没有成功的人注定不会有好结局。最后，曹操为了政局的稳定，在临死前杀了杨修。反观杨修的一生，还真得琢磨一下，什么叫作真聪明，什么叫作真傻？

8 典韦

三国排名第三的武将

曾有人给三国时期的武将做了一个武力值大排名，最后得出结论：一吕二赵三典韦，四关五马六张飞。武圣关羽才排第四，连前三名都没进去，那么前三名都是谁呢？分别是吕布、赵云和典韦。前面谈过了吕布和赵云，下面就讲讲这位比关羽还要能打的典韦。

我一直认为，典韦是死得很冤枉的一个武将。因为归根结底，他是因曹操搞对象而死的。要说古时候，因自己搞对象而死的人是有不少，但是因别人搞对象连累而死的，还真不多，典韦就算一个。

说起典韦这个人，很多人的印象都是他是一个身材魁梧、孔武有力的莽夫。没错！而且据说他力气不是一般的大。大到什么地步呢？军中有一种旗叫作牙门旗，好几个人都抬不动，可典韦一只手就能举起来。但是，大家不要以为典韦只是空有一身的力气，在这个庞大的身体里面，还是有脑子的。

话说典韦这人，从军之前就非常讲义气，谁对自己哪怕有一丁点儿恩情，他都要想尽办法报答。

这一天，他知道自己的恩人刘氏和一个叫李永的人结了仇，他很生气，想要替刘氏报仇，但这事不好办。因为李永的身份不一般，他原本是富春的县令。汉朝县令的权力很大，行政军事一把抓，所以就算现在李永退了一线，在当地的势力也是不容小视的。李永家中防备森严，据说保镖就有几百个。

此时的典韦头上冒出来俩小人儿。

一个小人儿说："要不算了吧。"

另一个小人儿说："典韦同志，你要做一个高尚的人啊！"

"高尚能当饭吃吗？"

“你居然，居然连高尚都想吃，你这个……这个吃货！”

典韦摇了摇脑袋，对头上的两个小人儿说：“都别吵了，心理活动时间也太长了！俺主意已定！”

典韦最后还是决定要为刘氏报仇，因为在他的心底藏着两个字——道义。但是硬闯可不行，毕竟人家保镖都好几百个，听说厕所里都有保镖。

怎么办？典韦突然想到一个主意，那就是送礼！这一天，典韦把自己化装成一个送礼的人，乘着车，带着烧鸡、好酒登门拜访。这对李永和他的那些保镖来说，那真是司空见惯了，李永是谁啊？原来的县令大老爷，谁不得求他办事儿。但是例行检查总还是要有的，典韦就被拦住了。

脑洞剧场

保镖：“你来干吗？”

典韦：“大人，俺是走后门来的！”

保镖：“嘘！我说，走后门有您这么大动静的吗？知道规矩吗？”

典韦：“嗯嗯嗯，俺就是走个后门，只要能办成，俺天天送礼！”

保镖：“你要是再这么大嗓门喊，全县人民就都知道你走后门了……”

保镖们被烦得不行，最后就放典韦进去了。可谁知道，典韦进屋就把李永杀死了，算是为刘氏报了仇。

那么剩下的这个烂摊子怎么办？

只见典韦慢慢地从李府走出来，把车里的兵器拿出来，慢慢地步行逃走。你要问为什么这么慢？因为李府住在市中心，可能有点堵。

这可真不是玩笑话，典韦把李永杀掉之后，李永的几百个保镖都急眼了，拔腿直追！几百个人就追啊，结果一追就追上了，然后就真的堵车了。

关于这一段，《三国志》中确实有记载：“追者数百，莫敢近。行四五里，遇其伴，转战得脱。”说的是，好容易追上来的几百人，没有人敢靠近典韦，好好的一部追捕大戏，却让这群保镖演成了“送战友”，而且一送就是四五里。后来，典韦在路上遇到了接应的同伴才得以脱身，弄得那接应的同伴还很费解：“你这么多保镖，还叫我干啥？”

总之，经过这件事之后，典韦的名字就传开了。

后来，典韦被曹操收于帐下。曹操很欣赏他，据说典韦尤其喜欢吃肉喝酒，曹操不仅每次都管够，还派好几个人伺候他，旁边的人摇摇头说：“早知道我就好好练武术，俗话说得好，武术练得好，顿顿吃得饱。”

也不知道他们在哪儿听的这俗话？不过，曹操对自己的恩情，典韦默默地记在了心里，啥也不多说，只是每天晚上都睡在曹操的营帐附近，保护曹操。战士们还为典韦编了句顺口溜，说：“帐下壮士有典君，提一双戟八十斤。”

一开始典韦跟着曹操，确实也没少受苦，因为曹操混得也挺凑合的。不过，后来的日子好过了点儿，因为曹操的实力越来越大，开始有人投降于他了。谁呢？张绣。

张绣这人没什么抱负，一心想的是，当自己的土豪，让别人说去吧。结果把曹操给等来了，张绣也算是个人物，一看这局面，一股豪气油然而生：“传我的口令，投降！”

手下都蒙了。但是该投降还是得投降。曹操很开心，心想："要都投降得这么爽快，省我多少事儿啊。"于是，曹操大摆酒宴，赏赐张绣他们。张绣拿起酒来闻了闻，对身边的手下说："曹操这次请客，用的好像是咱自己库里的酒……"

曹操高兴，挨个向张绣一帮人敬酒。此时的典韦一步不离地站在曹操身后，手上拿一把巨斧，光斧子的刃就有一尺多长，曹操走到哪儿，典韦就跟到哪儿，顺便给被敬酒的人一个犀利的眼神，意思是："你们都给我老实点，别闹事儿！"

结果害苦了张绣他们，估计他们都以为典韦的意思是让自己多喝点，结果所有人都喝多了。

一帮人喝得天昏地暗，曹操也喝多了，顺便把张绣的婶婶，也就是张绣叔叔的老婆给娶到手了。曹操万万也没想到，这回他可捅了大篓子。

自己的婶婶让曹操收为了媳妇儿，张绣心里怎么想怎么不是味儿，这以后怎么称呼曹操？主公？叔叔？咋投个降，自己辈儿还变了呢？于是，他心生怨恨。

曹操听说张绣知道了这事儿之后，也很郁闷，就想要暗中杀掉张绣。结果反射弧可能慢了点，张绣先叛变了，而且杀了曹操一个措手不及。曹操不知道，这一仗之后，那个日夜保护自己的典韦终将离去……

战争刚一开始，曹操的军队就被冲散了，没有任何有效的反击，没有任何回旋的余地。曹操甚至连套马鞍的时间都没有，此时此刻，他只有逃走。回望身后，那是典韦高大而熟悉的背影，而他，正死死地守住营门。

典韦没有回头，他知道，现在正是自己报答主公的时候，听着主公骑马远去的蹄声，典韦坚定地站在营门前一动不动，他心里可能想的是："守住这里，主公就能活下去！"

信念有时能给人无穷的力量。敌方的士兵虽然很多，但是典韦仅凭一人，愣是让一支军队寸步难行。于是，他们只好选择其他入口，但其他的入口也被典韦的部下死死地守着。就这样，战斗持续了一段时间。

摆在典韦他们面前的现实是残酷的。没过多久，典韦的手下便全部阵亡了，望着他们倒下的躯体，典韦一边挥动双戟，一边冲那些死去的部下喊："好兄弟！你们都是好汉！你们个个都是好汉！我们来世还做兄弟！"

此时，典韦的身上已经有几十处伤口了，鲜血染透了衣服，但典韦挥舞的双戟从没停止，每一次挥动都能折断敌人的十多根长矛，每一次挥动都有倒下的敌人，眼前的尸体已经堆成了小山，典韦勇猛非常，手中的双戟断了，就和敌人肉搏。

身体越来越重，但典韦还是用所剩不多的力气，徒手捏死了两个敌人。士兵们不敢向前了，眼前的这个人就像不知疲倦的死神，混身是血。典韦还在坚持。可只有他自己知道，今日之后将再无典韦。

但我想，他不后悔，因为他生命的信条就是，任何有恩于他的人，他都愿意拿生命去报答，就像当初的刘氏，就像现在的曹操。

翻看《三国志》，几乎所有的武将都有字，但典韦没有。所以有人推测他可能从小就是个孤儿，也许是吧，从小没人疼爱，才使得他感恩于别人的一点点恩惠，让他愿意用生命去报答恩情。

最终，在往事残破的闪现中，典韦用光了最后的力气，他圆睁着双眼，大骂眼前的敌人，就这样站着，离开了人世。灵魂虽已不在，但肉体却仍然死死地堵在营门前，那是他最后一次保护主公。周围的敌人看着他，久久不敢靠近。冥冥中的一个声音似乎在说："主公，好好活着！"

9 王戎

抠门儿大神养成记

说到吝啬，谁可以称得上“天下第一吝啬鬼”呢？

在大家的脑海中，可能首先蹦出来的是欧洲文学那著名的四大吝啬鬼，他们分别是：莎士比亚《威尼斯商人》中的夏洛克，一位一毛不拔的吝啬商人，后来因为向主角放高利贷而受到了惩罚；莫里哀《悭吝人》中的阿巴贡，一个嗜钱如命的男人，一分钱都算巨款，只进不出，一个装着钱的箱子，在他的眼里，那就是爹；巴尔扎克《守财奴》中的葛朗台，临死之前还让女儿把金币铺在桌子上，用凝视金币的方式来取暖；果戈里名著《死魂灵》中的泼留希金，他有着富豪的资产，然而却过着乞丐的生活，每天仿佛都生活在快要穷死的边缘。

这四个人物，可以说是吝啬界的“四大天王”了。不过今天要讲的这位，一点儿也不比那“四大天王”差。

话说在中国魏晋时期，有一个组合特别出名，这个组合里有七个人，他们就是竹林七贤。最早他们的组合不是叫这个名字，世人只是称他们为七贤，但是因为他们常年在竹林活动，所以人们就改叫竹林七贤。

故事的主人公就是竹林七贤之一，他的名字叫王戎，他有一个常人难以企及的能力，那就是抠门儿，零钱凑够一毛就存起来。

而且，和前面吝啬界的“四大天王”比起来，王戎还有先天优势。“四大天王”都是杜撰出来的人物，而王戎却是一个真实存在的人物，所以即便他们抠门儿的极致，也比不过王戎抠门儿的真实。

冰冻三尺非一日之寒，人想变得特别抠门也是需要积累的。说起王戎小的时候，可完全看不出来他那抠门儿的气质。

据说，他自幼聪颖，神彩秀美，而且在他的眼神中还隐隐约约地流露出了真诚和炽热。《世说新语》中是这么说的："戎眼烂烂，如岩下电"。意思是说，王戎的眼睛特别明亮，看着他的眼睛就跟看工人电焊一样。

据说，王戎的眼睛还有一个功能，那就是直视太阳而不感到目眩。

我们都知道，眼睛是不能直视太阳的，因为阳光经过晶状体和玻璃体会聚后，会成为一个光能量很强的小点，落在眼球后的视网膜上。这极易烧伤视网膜，造成眼睛的严重伤害。所以有人稍微看一下太阳，就会感到头晕目眩。但是王戎没事儿。

脑洞剧场

路人："你看这么久的太阳，不会感到眩晕吗？"

王戎："不会啊，就是眼睛里面会冒星星。"

路人："都冒星星了还看，你不怕瞎吗？"

王戎："叔叔，你看我的眼睛是不是更亮了？"

路人："孩子，你不会以为你的眼睛是太阳能的吧？"

上面这段是编的，下面说真的。如果所有人都像王戎这样看太阳，基本离瞎也就不远了。所以这一点，大家千万不能学王戎。

不过，王戎开始确实是因眼睛好看而出名的。当然，他不只这些优点。在他很小的时候，就显露出了超出同龄人的特质。

话说，王戎六七岁的时候，在宣武场看了一场表演，这场表演是魏明帝曹叡策划的。为了彰显国威，魏明帝把老虎的牙齿和爪子都弄断了，然后放在栅栏里让老百姓观看。

大家想，老虎的牙齿和爪子都没了，它能高兴吗？当时老虎就疯了，心想："牙不好使，没关系，老子不嚼直接咽。"于是，老虎在栅栏里凶猛地咆哮。老百姓们哪见过这个，吓得扑倒在地，四散奔逃。这时，只有王戎站着一动不动，神色自如。

这个画面让魏明帝曹叡看见了，心想："一个六七岁的孩子看到猛虎居然都不害怕，还能一动不动。"他不禁称赞王戎是个神童。但谁又能肯定，王戎不是被吓得走不动道儿了呢？

综合王戎成年之后的吝啬表现，当时小王戎的心理活动也可能是："陛下让老百姓免费看猛兽，我少看一眼就亏啦！"

还有一次，王戎和小朋友们在外面玩的时候，看到路边的李子树上结满了李子，果实多到都把枝头压弯了，小朋友们都争着去摘，这时只有王戎没有动。别人问他为什么不去摘，他说："李树长在路边却挂满了果子，这果子一定是苦的。"有人摘了一个尝，果然是苦的。

你说王戎这眼睛有多毒，简直一眼就能看出事物的本质。

由此我们可以看出，王戎在很小的时候就有着出色的眼力。面对任何情况都能做出冷静的判断，遇到能占的便宜，一分不少占；遇到不能占的便宜，他就静静地看着别人吃亏。

这样的人按理说，是不应该有朋友的。然而真实的情况是，王戎有不少的朋友，有的朋友不仅是朋友，更是知音。后来他们成立了"竹林七贤"组合，每天在竹林里闲着，待着，聊天，侃大山。

那么，这就让人不禁产生疑问，身处如此高端的朋友圈，王戎到底是怎么变成抠门儿大神的？按理说王戎也不该是抠门儿的人。

王戎的出身非同一般。他出身于名门望族琅琊王家，他的祖父王雄官任幽州刺史，父亲王浑官居凉州刺史。话说魏晋时期的刺史，那可是权力很大的封疆大吏，掌管着一方军政。如此富贵的出身，按理说王戎跟朋友出去吃饭，应该满脸都诚恳地写着："让我请客好吗？求你们了。"

可事实正好相反，王戎的小日子过得相当节俭，想逼他请客，那基本等于谋杀。王戎为什么如此吝啬？传说这跟他为官时期一段不美好的记忆有关。

话说，王戎早年间在荆州当刺史，曾利用职务之便，私派部下为自己修建园林宅第。一般干这事儿，肯定不能大张旗鼓，估计王戎必然也是谨小慎微地操作。但后来他还是被告发了，看来这秘密没守住……

毕竟，纸包不住火！无论做得多么小心，只要是见不得人的事儿，早晚得被人知道。

让人告发之后，王戎应该被免官。这下王戎可慌了。如果没有工作，弄不好他就变成“竹林七贤”里最闲的一个了，他得想办法挽回这一切。

王戎可能找了关系，不久之后晋武帝允许他赎罪处理，他又花钱把官赎回来了，被改任为豫州刺史。

有人猜测，大概就是这次的经历，让王戎的内心发生了微妙的变化。原来功名和利禄还有这样的联系，功名可以换来利禄，利禄也可以买回功名。

这让王戎暗暗下定决心，一定要攒钱。从此以后，他便走上了抠门儿大神的不归路。而且这还让他多了一个毛病，《世说新语》中就有记载：“司徒王戎，既贵且富，区宅、僮牧、膏田、水碓之属，洛下无比。契疏鞅掌，每与夫人烛下散筹算计。”

这说的是王戎当上司徒以后的事情。王戎当上司徒之后，混得是既显贵又富有，房屋、仆役、良田、农具之类的，洛阳城里没有人能和他相比。而且契约账簿也有很多，所以他常常和妻子在烛光下数钱，数到手抽筋儿了，就揉揉再数，抽筋儿抽累了才会睡觉。

后来，王戎可能由于数钱过于辛劳，把身体弄得病怏怏的。忽然想到鲁迅先生写过的一句话，说有一种人最大的心愿就是“秋天薄暮，吐半口血，两个侍儿扶着，恹恹的到阶前去看秋海棠”。

王戎做到了，而且他做到了极致，因为他甚至都没打算花钱看病。不过不必担心，可能就是凭着这种省钱的执着，王戎不但没折寿，还活到了七十多岁，这在当时绝对是高寿。

可这还不能充分地体现王戎的吝啬。一个对自己都不好的人，他怎么可能对别人好啊？

话说，王戎家有一棵长得很好的李树，结出来的果实大概比他小时候在路边看到的甜多了，所以后来贪财的王戎就准备拿着自家的李子去卖钱。我们知道，李子吃完里面是有核的，王戎心想：“要是他们吃完我的李子，拿着里面的核自己种李子树，那明年我还怎么赚钱？”于是，王戎决定在卖李子之前先进行加工，那就是把李子的核钻坏之后再卖。

由此大家就知道，王戎抠到什么地步了，抠得卖李子连个完整的核都不给你。

不过说到底，买李子的都是外人。那王戎对自己家人怎么样呢？事实证明，跟外人待遇差不多……

话说他自己的亲闺女嫁给了裴家，曾跟家里借了几万钱，很久都没有还。这就触碰到王戎的底线了，他的底线就是不能赔。

所以，每次闺女回家的时候，王戎就故意板着一张臭脸，眉毛不是眉毛，眼睛不是眼睛，整体表情仔细看，可以解读为“快点还钱！”后来，闺女把钱还上了，王戎这才对她又展开笑颜。

不过，王戎的侄子更惨，他结婚的时候，王戎只送了一件单衣。就把这件单衣送出去，可把王戎心疼坏了，每天都要多吐两口血。

脑洞剧场

王戎：“唉哟，我的小心肝儿。”

侄子："叔叔，没想到您对侄儿有这么深厚的情义。"

王戎："我没说你，我说的是我送你的那件衣服。"

侄子："叔叔真会开玩笑。您放心，侄儿会常来看您的。"

王戎："嗯乖，记得来的时候，带着那件衣服。"

侄子："叔叔，您怎么老惦着那件衣服啊？"

王戎："傻孩子，当然得惦着啦，万一你忘了还我呢？"

上面这段是编的，下面说真的。史书记载，王戎后来真的等侄子完婚之后，又把那件单衣要回来了。抠门儿大神除了王戎，还能有谁！

10 贾南风

一个从外丑到里的人

在古代，能把“丑”这个字，从外到里发挥得淋漓尽致的女人不多，晋惠帝司马衷的皇后贾南风绝对算一个。

这个贾南风是西晋王朝开国功臣贾充的亲闺女。史书上记载，她又矮又黑，还生性妒忌。本来，贾充他们家是名门望族，就算贾南风长得再不济，也能安静地做一个富贵的人。可他们家对她显然有着更高的要求，那就是她要成为太子妃。

按理说，像贾南风这个模样的女人，家里面本不应该对她提这么高的要求。

相信周围邻居们也会相互议论一下。

邻居甲："要是真让她嫁给了太子，太子寻短见可怎么办？"

邻居乙："你放心吧，太子寻短见之前就被吓死了。"

人们在坊间议论着，当时的晋武帝司马炎和皇后也在议论。当时有两个家族作为候选，一个是贾充他们家，还有一个是卫瓘他们家。卫瓘也是西晋的重臣，并且兼职当书法家，是标准的书香门第。

晋武帝觉得贾充的女儿不适合当太子妃，理由就记录在《晋书》里面："卫公女有五可，贾公女有五不可。卫家种贤而多子，美而长白；贾家种妒而少子，丑而短黑。"

什么意思呢？晋武帝对皇后语重心长地解释："卫瓘的女儿有五点可取之处，贾充的女儿有五点不可取的地方。卫瓘他们家世代贤良，子女也多，长得好看，身材修长，而且肤色白皙。而贾充他们家生性嫉妒，子女少，又矮又丑，而且皮肤粗黑。两相比较，高下立判。"

可是就算晋武帝已经解释到这种地步了，皇后却依然坚定地支持贾充的女儿。她认为，选儿媳妇，长相不是最重要的，只要她自己看上就行了。

主要的原因其实还是贾充那帮人提前拉拢过皇后，

而且不仅是皇后支持，当晋武帝跟臣子们征求意见的时候，也有好多人说贾充的女儿靠谱。

这就是典型的三人成虎，这人说好，那人也说好，于是晋武帝犹豫了，也许是真的好吧……估计晋武帝这时候也不太想较真了，反正娶来也不是我媳妇儿，人品好就行了。

于是，这门亲事就算定下来了。不过一开始本来没打算让贾南风当太子妃，而是把目标锁定了她的妹妹贾午。可后来发现贾午不行，因为她刚刚十二岁，成年人的衣服都穿不了，身高只能用精致来形容。

没办法，这才选中了贾南风当太子妃。

按理说，一个长相如此“任性”的女子，最后成了自己的媳妇儿，这对于拥有着高贵血统的太子，绝对是一百个不愿意。

可这世界上发生的事儿，有时候就是无巧不成书。虽然贾南风是一个如假包换的绝世丑女，但是不要紧，因为据史料记载，太子司马衷智商余额严重不足。所以，也许他压根就看不出来贾南风的美丑，任旁人如何说他重口味，贾南风依然是他的“小公主”。

宫里的人没有不竖大拇指的，大家都坚定地说：“这要不是真爱，我这就死去！”傻太子和丑媳妇儿，据说俩人过得还很和谐。

故事说到这儿，其实也只不过说明了贾南风的外表不是特别尽如人意。如果贾南风在当上太子妃以后，能够老老实实地过日子，那也没什么。可是贾南风偏偏属于那种世界上少有的从外丑到里的女人。

相比于外在的丑，如果一个人从骨子里丑陋，那后果是相当严重的。

在古代，一个女人的支柱就是男人。相信贾南风心里也非常清楚，太子无疑也是她地位的保证。所以从贾南风的角度来说，她必须先保住太子的皇位继承资格。

针对太子智商的问题，朝野上下经常议论纷纷。最后一传十，十传百，晋武帝也觉得需要找个机会检验一下太子的智商。晋武帝想了一个办法，他把文武百官召集到一起，大摆宴席，然后出了点儿题，密封起来，派人拿给太子，让他作答。

脑洞剧场

贾南风一听就慌了，“坏了，太子是个傻子啊！”

旁边人赶紧劝：“太子妃，您说话小声点儿行吗？宫外面的人都听到了。”

贾南风：“现在就是我悄悄说话的音量！”

旁边人继续劝：“您先不要慌张。”

贾南风：“太子傻成这样，我能不慌吗？”

旁边人：“太子哪有那么傻？”

贾南风：“你废话！太子不傻，能喜欢我吗？”

上面这段是编的，下面说真的。历史记载，在这千钧一发的危急关头，贾南风还是起到了关键作用的，她为了能让太子过关，找来了很多人代答。

应该说，这些代答的人还是很负责任的，他们旁征博引，纷纷拿出了吃奶的劲头。但是很可惜，这些早期的“替考”大部分并没有在历史上留下名字，只有一个人的名字留了下来，此人叫张泓。他一针见血地看出了大家文章中的问题。

只见，他坚定地对贾南风说道：“这些文章写得都不行！”

贾南风先是一惊，然后柔声说道：“哪儿不好？我看着挺好。”

张泓只问了贾南风一个问题：“太子妃，您见过小学没毕业的人，一上来就写博士论文吗？”

大家瞬间就明白了。太子平时的文化程度很一般，如果给晋武帝拿去的是过于精彩的答案，那么很容易会被看出来是找人代答的。所以，张泓最后出的主意是，一切按照太子的文化程度作为参考，直截了当地作答。

果不其然，晋武帝看过太子的答卷后很高兴，逢人就想说：“你知道吗？我的孩子一点儿也不傻。”

太子的位子保住了，看起来，贾南风太子妃的位子也就保住了。

其实，贾南风曾面临过一次巨大的危机。话说，她成为太子妃后，把太子司马衷哄得团团转，最后弄得太子对贾南风的敬仰之情，犹如滔滔江水连绵不绝。

太子基本上什么事情都听贾南风的，也不知道贾南风有没有逼着太子写过保证书，反正太子的其他女人很少有机会得到宠幸。即使有姬妾不小心怀了太子的孩子，贾南风也会想办法把孩子弄死。此时，贾南风的性格已经可以用暴虐来形容了，据说她亲手杀过好几个人。

有一回，听说有一个姬妾怀上了太子的骨肉，贾南风就像一股黑风似的，急忙去找那个姬妾。

贾南风问道："听说你怀了太子的骨肉？"

姬妾说："我没有啊。我只是这两天吃得有点多。"

贾南风："你少给我来这套。"

呛啷啷一声脆响！只见贾南风手拿一把手戟，朝身怀六甲的姬妾扔了过去，大人和孩子就此一命呜呼。

晋武帝听说这件事后十分生气，太子的孩子也敢杀，这是要造反吗？当时正好建成了一座金墉城，晋武帝就想把贾南风这太子妃废掉，打入冷宫。

可这时候出现了好多人劝晋武帝。有人说给她爸爸贾充个面子，毕竟人家为朝廷做了不少贡献，也有人说贾南风岁数还小，大点儿就好了……说什么理由的都有。

总之，这件事就不了了之了。一直到晋武帝驾崩，太子即位，贾南风都稳如泰山，从太子妃变成了皇后。

成了皇后的贾南风变本加厉，那脾气不是一般的大，整天开启绿巨人模式，什么话也听不进去。碰到不爽的

劲爆！
头版头条
贾南风专访
我为什么这么丑
独家人物专访
由《楚河说历史》为您独家报道

人，贾南风左手右手一个慢动作就直接杀掉了。

朝野当中安插的都是自己的亲信，任何有可能威胁到自己权力的人，皇后贾南风都会友情赠送一张VIP级别的极速投胎票，弄得大臣们整天说：“不要，不要……”就这样，在贾南风的淫威之下，朝堂的实权几乎全部落到了她的手上。

我们现在知道，贾南风是从外丑到里的，一下子拥有了这么大的权力，贾南风能放着不用吗？显然不会。

那么问题来了，用来干什么？经过贾南风的一番苦思冥想，她终于决定废太子。毕竟，太子不是她生的，万一再和她不是一条心，那么这个投资就不划算。于是，她与贾午等人密谋废掉太子司马遹，立与自己有血缘关系的人当太子。

在贾南风的一番操作下，300年司马遹被废。她的心愿达成了，这也给她埋下了祸端。

贾南风想杀废太子的心思天下尽知，也被赵王司马伦利用来败坏贾南风的名声，贾南风中计后谋害了废太子。之后，皇族中人蠢蠢欲动，晋惠帝是个傻子，太子又被废了，那皇帝之位，我们也能奢望。赵王司马伦，谋士孙秀等人乘机得用民众对贾南风的不满起兵，废贾南风皇后之位，杀贾氏族人及党羽。

贾南风被废后，被赵王司马伦赐毒酒自尽。自作孽不可活，暴虐的统治再加上糜烂的生活，使贾南风的倒台变成了一件注定的事情。

如果一个人已经让自己放肆到从外面丑到了里面，难道还指望最后是圆满的结局吗？

11 石崇

有钱之后的得与失

据说，现在的聚会中，朋友们之间聊天说得最多的一句话是："等我有了钱以后……"但有钱究竟是好事，还是坏事呢？

可能有人会说："是好是坏，可以让我先试试啊！"

要知道，很少有人是天生富有的，大部分人的财富都要靠自己的双手来创造。就像西晋时期的石崇一样，他在一开始，也是靠自己的门道来积累财富的。

石崇的爸爸名叫石苞，是西晋的开国元勋。石崇是石苞的第六个孩子，据说他从小就十分聪明，有勇有谋。本来，一切的生活都是按部就班的，直到石崇二十四岁的时候，他的老爸离他们而去。临死之前，他老爸还细心地把遗产分割了一下，结果压根儿就没有石崇的份儿。

他母亲都忍不了，说："老头子，你可不能这样，石崇也是咱的亲生孩子，你怎么能一点儿也不给他呢？"

谁知道石苞却说："这个孩子虽然还小，但他以后可以拥有自己的财富。"

不知道这话要是让石崇听了，得翻几个小时的白眼。

不过，他老爸猜得一点儿也没错，石崇的确有创造财富的本领。传说，这是因为石崇的身上有一颗预示着他肯定会富有的痣，这颗痣后来以他的名字命名，叫石崇巨富痣。

他二十多岁的时候，就当上了县令，并且以颇具才能著称。即便这样，他仍然好学不倦，努力积累完善自己。后来又因为功劳而升官，偶尔还会助人为乐。说到这儿，他的优点也就差不多说完了，剩下的全是缺点。

可能因为他父亲做得太绝，一点儿零花钱也没给他留，所以他无论到哪儿，都会变着法地给自己找点钱，行为也一直都不是很检点。直到后来当上了荆州刺史，他终于明白了一个道理，还是打劫来钱快啊！

于是，他开始抢劫远道而来的商人，打听好了哪来的，一听有点儿远，带着兄弟们就去“招呼”。一来二去，石崇积累了巨大的财富，他成了一个真正的有钱人。

有钱到什么地步了呢？《晋书》中有记载：“财产丰积，室宇宏丽。后房百数，皆曳纨绣，珥金翠。丝竹尽当时之选，庖膳穷水陆之珍。”

意思是说，石崇财富堆积如山，家里的屋子宏伟漂亮、彼此相连，后房姬妾无数，她们穿的都是精美无双的锦缎，戴的都是璀璨夺目的珍宝。家里听着最好的音乐，厨房里烹饪着绝顶的美食，实在是太有钱了。

石崇有钱了，遥想当年父亲临走前，啥也没留给自己，让自己过了好一段清苦日子。石崇下定决心：“打今儿起，我要苦练花钱的本领！”

这种心态其实很普遍，现代人也有。要是哪天有人中了双色球的尾号，你都有可能听见小卖部里有人喊：“老板，给我来十包辣条！”

石崇也一样，他膨胀了，每天最发愁的事儿就是钱该怎么花。石崇望了望自己家的里里外外，终于有了一个主意，装修厕所！

下人们都愣了，问他："大人，您想装成什么样？"

"精装的。什么材料又贵又不打折用什么。"

没多久，装修完毕，石崇家的厕所顿时变得金碧辉煌。晚上上厕所估计都不用点灯，因为太刺眼了。《世说新语》里面是这样说的："石崇厕，常有十余婢侍列，皆丽服藻饰，置甲煎粉、沉香汁之属，无不毕备。"

意思是说，石崇家的厕所，不但准备了各种香水、香膏，供客人洗手、洗脸，而且旁边还配有十多个打扮得花枝招展的婢女，列队伺候客人上厕所。大家想想，那个画面得多奢华啊。

脑洞剧场

一进厕所，先是一排婢女站在那儿："欢迎光临厕所。"

一看，女的比男的都多。"对不起，我以为是男厕呢。"

婢女们赶紧拦住，"大人别走，这里就是男厕。"

"你们在这儿，能行吗？"

"能行的，大人，您可以自便了。"

…………

"不行，我自便不了，你们在，我紧张。"

这样的厕所，一般人都上不了。而且据说，婢女们伺候客人上完厕所后，按照流程，还要伺候客人把原来的那身衣服脱掉，换上新的衣服，这才算上完了厕所。原来那件就不能再穿了。

其中，有一位叫刘寔的官务员尤其受不了。刘寔小的时候，家里不是很富裕，所以他从小就养成了一个习惯，到别人家做客，绝不让主人费心，砍柴挑水都是亲自动手。后来官做大了，他仍然保持着这种艰苦朴素的作风。

话说，有一次，他去石崇家拜访，聊了会儿天，然后准备去如厕一下。

进厕所一看，里面的摆设极其讲究，有蚊帐，有坐着用的垫子，还有躺着用的褥子。不知道石崇有什么习惯，如厕累了，是不是还要在里面睡一觉？再看另一侧，两个姑娘手捧香囊在那儿站着。

刘寔掉头就跑，出来看见石崇了，特别不好意思，指着刚才去的方向说道："对不起，我刚才不小心进了你的卧室。"

石崇哈哈大笑："那是我家的厕所！"

刘寔一听，人都傻了："厕所居然像卧室，那卧室呢？”

石崇不乐了：“你想多了，卧室还是像卧室……”

不得不说，成为暴发户之后的石崇，在不知不觉间发生了不小的变化。他不仅在生活质量方面有了大幅度的提升，在情商方面似乎也出现了大幅度的下滑。

话说石崇在富有之后，经常请朋友到府上喝酒。大家也知道，石崇家里的姬妾无数，客人们喝酒的时候，她们自然少不了要在一旁伺候着。

喝酒的时候，我们经常能遇到劝酒特别狠的人，这些人也许不是酒量最大的，但他们绝对是最积极的。当他们把你锁定为目标的时候，那喝酒的理由会排山倒海般地盖过来，没有什么不能当作你喝酒的理由，他们能把男的说成女的，把女的说成男的，把彩色直接说成黑白的。

但是石崇劝酒不这么劝，他劝酒从来都是只问一句，“你喝不喝？”不喝就让侍卫杀掉一个姬妾。

据说有一次，丞相王导与大将军王敦一道去石崇家赴宴。丞相王导向来不能喝酒，但他怕石崇无故杀人，所以当美女劝酒的时候，也只好勉强喝下。可大将军王敦不买账，他本来挺能喝酒的，但在石崇家里却硬是不喝。结果石崇连斩了三个美人，他还是不喝酒。

劝酒斩美人，这一段在《世说新语》里面也有记载。

石崇炫富似乎连皇帝也不想放过，找到机会也要比一比。有本书叫《耕桑偶记》，里面记载了石崇和晋武帝司马炎的一个故事。

话说，有一回外国进贡了一种特殊的布，叫作火浣布，咱们现在管这种布叫石棉布。据说，用这种布制成的衣服永远都不用洗，脏了在火里烧一烧，然后就跟新的一样。所以可想而知，这种布在当时应该比较稀有。

晋武帝很开心，于是命人把进贡来的火浣布制成了衣服，然后他穿着新衣服去石崇家串门儿。没准晋武帝是想去石崇那里显摆显摆，可结果他是挺着胸脯去，垂着脑袋回，弄得宫里的太监都蒙了。

脑洞剧场

太监："陛下，您这是怎么了？刚才还乐呵呵的，怎么回来就郁闷了呢？"

晋武帝："唉……朕刚才去石崇他家了，好尴尬。"

太监："石大人怠慢您了吗？"

晋武帝："没有，他很隆重地迎接了朕。"

太监："他带的人少了？"

晋武帝："没有，他足足带了五十多个人。"

太监："这不挺好的吗？"

晋武帝："不，这种痛苦你难以想象。整整五十多个人，同时跟我撞衫！"

原来，那天晋武帝穿着新衣服火浣衣去见石崇的时候，石崇故意穿了一件很普通的衣服，可是他的五十多个随从，火浣衣居然能做到人手一件。

我想，这肯定深深地伤害了晋武帝脆弱的心灵。晋武帝万万也没想到，本来稀有的贡品，到了石崇家却活生生地成了"工作服"。

有钱也不能这么欺负一国之君啊！为人如此之猖狂，这简直就是一个完美的作死案例。

晋武帝肯定不会跟石崇明着过不去，不然显得自己太小气了。可难道石崇就没有对手了吗？当然有，在西晋时期还有一个富豪，此人名叫王恺。他还有一个身份，那就是晋武帝的舅舅。

历史上，关于石崇和王恺比富的故事着实不少。和皇亲国戚比富，究竟会鹿死谁手呢？那就要看他俩分别有什么动作了。

据说，石崇那个著名的私人别墅——金谷园，就是因为跟王恺比富才修筑的，豪华程度堪比宫殿，里面堆砌的珍宝数不胜数。关于金谷园的美景，大家更是口耳相传、赞不绝口。特别是阳春三月的时候，金谷园里鸟语花香，犹如仙境，因此人们把“金谷春晴”作为洛阳八大景之一。

不过仅凭一栋豪华别墅，显然不可能击倒王恺求胜的决心。人家也是有所行动的。在这个你方唱罢我登场的节奏中，这场斗富大战堪称是惊天动地。

这件事就记录在《晋书》中：“恺以饴澳釜，崇以蜡代薪。恺作紫丝布步障四十里，崇作锦步障五十里以敌之。崇涂屋以椒，恺用赤石脂。崇、恺争豪如此。”

这一段应该是石崇和王恺斗得比较激烈的一部分。两个人都想用生活的奢靡水平碾压对方财富的含金量。王恺用糖水刷锅，石崇便拿蜡烛当柴火；王恺用紫色丝

绸做了一个四十里长的步障，石崇就用锦缎做了一个五十里长的步障。本来步障这种东西，就是用来遮挡风尘或视线的屏幕而已，尺寸不需要太大，他俩可好，做得跟城墙一样。

紧接着，石崇为了突出自己的富有，用花椒当涂料，把自己家的墙壁刷满了花椒。可王恺也不示弱，马上回家用赤石脂把家里粉刷了一遍。

后来，晋武帝有点儿看不下去了，因为他发现自己的舅舅貌似比较吃亏。于是他萌生了一个想法，就跟身边的人商量："朕不跟石崇比，朕只是帮舅舅跟他比，这应该不算欺负他吧？"

下面的人心想："这个不算……那什么算啊？"

晋武帝想出手，谁敢拦着？于是，晋武帝开始暗中帮助王恺，赐给他一棵二尺来高的珊瑚树，这应该算世间少有了。王恺很开心，心想："终于能彻底地赢一回石崇了。"他让人抬着珊瑚树就去找石崇。

见到石崇之后，王恺瞬间跟电视购物导购员附体似的，开始不停地介绍这棵珊瑚树的亮点。

可让王恺万万没想到的是，正当他说得热火朝天的时候，石崇拿着一根铁如意，把珊瑚树砸成了"珊瑚碎"。

王恺一看，当下就急了："石崇，你，你竟然不正当竞争！"

只见石崇挥了挥手，下人们一下子抬出来好几棵珊瑚树，差不多都是四尺的样子，而像晋武帝赐给王恺那样尺寸的珊瑚树就更多了。

石崇确实很有钱，不过过于有钱最终为他招致了灾祸。遥想当初他第一次抢劫客商获得第一桶金的时候，他就应该预料到，有一天他也会成为别人的第一桶金。

永康元年，赵王司马伦发动政变，诛杀了当时专权的晋惠帝皇后贾南风等人，石崇作为同党也被免了官。紧接着，石崇又被政敌派兵抓了起来，可到这时候，石崇还单纯地以为自己只不过要被流放而已。直到被装上囚车，拉到了刑场，他才顿悟道："这些奴才是图我的家产啊！"

史书记载，押石崇的人问了他一句话："你明知道家财会害了你，为何不早点把它散掉呢？"石崇沉默了。天知道，他脑子里想了些什么，但也许，跟很多人想的都一样……

12 潘安

始于颜值与才华，终于人品

如果有一个题目让你说出心目中最帅的男人，选择答案时通常要考虑一个因素：这题是谁出的？如果是爸爸出的，答案就是爸爸。如果是老师出的，无论男老师，还是女老师，都说老师最帅，据说这样有好处，以后作业都比别的同学留得少一点。

如果要是在西晋时期，皇帝问身边的人，他会怎么回答呢？

脑洞剧场

皇帝："天下男人谁最帅？"

内侍："陛下，您怎么会有这样的疑问？您长得最帅。"

皇帝："这是真的吗？"

内侍："天下都是您的，当然您最帅啦！"

皇帝："说实话！"

内侍："潘岳帅！"

潘岳正是古代帅哥的代表潘安，潘岳是他的本名，安仁是他的字。民间有一种说法，由于他后来投靠妖后贾南风，所以他的字也臭了，人们直接把"仁"去掉，称他为潘安。

有句话叫"貌比潘安"，这是用来形容一个人帅的。潘安作为美男子的标杆，他到底美到了什么地步呢？很可惜，关于他的长相，史书没有详细地描述过。《晋书·潘岳传》里也只是说"岳美姿仪"，意思是，潘安……帅。不过我们可以通过发生在他身上的事，来体会一下他的美貌。

《世说新语》里有一篇《容止》，专门写美男子的外貌。其中，潘安就占了极大篇幅，里面写道："潘岳妙有姿容，好神情。少时挟弹出洛阳道，妇人遇者，莫不连手共萦之。”

这是说，潘安小的时候长得就很漂亮。有一次，他拿着弹弓，坐车到洛阳城外游玩，遇见一群怪阿姨。阿姨们看见孩子都很不淡定，一下子就把他围住了。

这位摸摸小手，那位捏捏脸蛋。阿姨们觉得小潘安可爱，小潘安觉得阿姨们很烦。从此以后，潘安幼小的心灵里埋下了一个深刻的道理，在地球上有一类远远看见就要躲着走的人，她们的名字叫阿姨。

小时候的潘安已经很可爱了，谁知道，他长大后更可爱，不仅可爱，还帅，写得一手好文章。由于长得太帅，潘安的人缘就不是很好了。

潘安一心想的是，自己一身的才华，应该报效国家。于是他当了官员，准备建立一番自己的功业。他也的确多有政绩。但即使如此，上上下下，还是不待见他的人居多。他们都怕自己的老婆遇到他，那些人估计心里在嘀咕：“这要是让媳妇儿见着了，媳妇就再也不会夸我是帅哥了。”

不过长得帅也有好处，《世说新语》里有一条注引写道：“安仁（潘安）至美，每行，老妪以果掷之满车。”

字面上的意思是，潘安实在太帅了，每次坐车出门，要是被老太太们碰见了，她们都会往潘安的车里扔水果。过去的车基本属于“敞篷车”，密闭性没现在的汽车好，总会有空隙，所以老百姓扔水果也挺方便的。这就造成了一个问题，那就是潘安出门都不敢带东西，不然回来就超载了。

这就是“掷果盈车”的典故。潘安帅到什么地步也就可想而知了。

翻看史书你会发现，潘安之所以历经千年依然被大家所熟悉和流传，可能不仅是因为长得帅，而且因为他是一个专情的人。他一生都钟情于他的妻子杨容姬，后来杨氏早亡，潘安余生没有再娶，仍然深深地爱着亡故的妻子，所谓“潘杨之好”说的就是他俩恩爱的故事。

一个又帅又专情，还有才，而且有功名的男人，按照现在的标准，应该是绝种好男人了，往大街上一放，必定被众少女群起而“攻”之。

可偏偏就是这样一个花美男，在政治上却是一个不太开窍的人。

当时，独揽大权的是晋惠帝的皇后贾南风，一个心眼坏、脾气暴，外加长相丑的女子。她的显赫捎带着她娘家的亲戚们也一个个牛起来，潘安依附的就是贾南风的亲外甥贾谧。

据说，潘安每次都和几个哥们，如石崇，等着贾谧出门，贾谧也不怎么理他们，开车就走，他们在马路边上，望着车扬起来的尘土，跪下就拜，堪称一气呵成。后来，潘安成为贾谧的宾客，是他“二十四友”之首，极尽谄事之功，《晋书》里说，帮助贾南风构陷太子司马遹的文章，就是潘安所为。

可惜了，潘安看不清时局，跟错了主人，白白地吃了土。他万万也想不到，有一天贾南风会倒台，连他也跟着背上了谋反的罪名，还被诛灭了三族。

事后，如果再问潘安：“你的梦想是什么呢？”我猜，他一定只想做一个安静的美男子吧。

13 卫玠

有重量级粉丝的花美男

爱美之心人皆有之，谁都希望自己是美女或帅哥。殊不知，颜值太高有时候也是很苦恼的。有一个人，他为自己长得帅而苦恼。这个人便是卫玠，字叔宝，中国古代四大美男之一。

古时候，人们夸谁是美男子，一般都会说他貌比潘安，由此可见潘安的长相确实不俗。如果单从长相来看，卫玠一点儿也不输他。如果把家庭因素也考虑进来的话，那么潘安基本就可以选择弃权了。

卫玠的家世很不一般，他的爷爷卫瓘在晋武帝时期官至司空，他的父亲卫恒官至尚书郎，而且无论是他的爷爷还是他的老爸，都是著名书法家。大家想想，出生在这样的家庭，想让卫玠不当学霸，那难度系数简直相当于让一个吃货看一晚上《舌尖上的中国》，却不让他点夜宵。

卫玠在很小的时候，身上就散发出了一种不同寻常的气质。他的爷爷卫瓘觉察到了这一点，他认为，卫玠绝对不是一个泛泛之辈。

为此，卫瓘还曾不无惋惜地说过一句话，他的这句话就记录在《晋书》里，说："此儿有异于众，顾吾年老，不见其成长耳！"卫瓘的意思是，卫玠这孩子跟别人不一样，可惜我岁数大了，看不到他长大成人的那一天啦。

卫瓘的预言一点儿也没错，卫玠是一定会成名的。形象出众气质佳，早晚都要变大咖。说起卫玠的长相，那实在是出众。

话说，他还是一个孩子的时候，有次乘坐羊车在洛阳市区兜风。周围的人一下子都不淡定了，全跑来围观卫玠。把卫玠乘坐的车围得是水泄不通。总之，但凡见过卫玠的人都会说："真是长得像璧玉一样的人啊。"

然而，作为中国古代四大美男子之一，卫玠怎么可能只有这么点儿粉丝呢。

说起卫玠的粉丝，那不仅有数量，还有质量，其中很多粉丝，都是当时名噪一时的大人物。

首先要说的这个粉丝，就是卫玠的舅舅，此人名叫王济，身份是骁骑将军。王济可不是一个简单的人物。据说，他酷爱骑马射箭，勇力过人，而且他对自己要求也很严格，努力学文化，力争做学霸。

在这样的信念驱使下，他也算有了一些成绩，善于谈论《易经》《老子》《庄子》等各种学术话题。最关键的是王济长得还不错，很帅，可谓英姿飒爽。

像王济这样文武双全的人，自然很受欢迎。所以，晋文帝司马昭把他选作了女婿。据史料记载，作为成功人士的王济，还有另外一个身份，那就是土豪。

据说当时都城洛阳的土地特别贵，而王济二话不说在城里买了块地，专门用作射击场。而且这个射击场的地砖也选得特别考究，整个射击场都是用“钱”铺成的。当时人们给这个射击场起了一个名字，叫作金沟。这倒好，哪天王济要是买东西没现金了，直接在射击场扣块地板就行。

要知道，王济本来是可以过上充满自信的幸福生活的，可不巧的是他遇到了卫玠。按照他本人的说法，每次见了卫玠他都会感到深深的自卑。

脑洞剧场

卫玠："舅舅，您怎么每次见到我就哭啊？"

王济哭道："反正我自卑，但绝对不会告诉你的！"

卫玠："舅舅，您已经告诉我了……"

王济瞬间哭出了一道彩虹。

这段是我编的。但史书上确实记载着王济将军自卑的故事，而且他逢人便说，每次和卫玠一起出游，总感觉自己身边的卫玠像珠玉一样明亮，简直光彩照人。周围的人很好奇："那您是什么样的感觉呢？"王济笑着说："当然是炮灰一样的感觉。"

除了长得好看，卫玠的才华也不容小觑。如果说潘安是一位作家的话，那么卫玠则更像一位演说家。当然，他最擅长的还是玄学，好谈玄理，他是在魏晋的王弼、何晏之后最出名的清谈大家。

综合所有能拿出来晒一晒的指标，你会发现，卫玠简直是一个不折不扣的天之骄子，要颜值有颜值，要家世有家世，要才华有才华。这真是走完了所有男人的路，让别的男人无路可走。

当时，有很多人都特别崇拜卫玠，喜欢跟他聊天。可唯独有一个问题，那就是卫玠的身体不太好。所以，卫玠的母亲平时都很少让他说话。只有在特别值得庆祝的日子，或者来了关系非常好的亲友时，才把卫玠请出来，让卫玠说两句。

卫玠可是一肚子学问，平时家里人不让多说话，猛然间让他只说两句，这两句话得是何等的精辟，大家听完无不拍手称赞，高喊："再来一个！"

当时在琅琊王氏家族中，有个叫王澄的人，他是竹林七贤之一王衍的弟弟，名望很高。本着"文人相轻"的处世哲学，很少有人能受到他的推崇。只有卫玠例外，在他的心目中，卫玠简直就是偶像。

据说，每当王澄听到卫玠的言论，他都会为之叹息倾倒，听完之后浑身舒爽，跟做了推拿似的。所以，人们都说："卫玠谈道，平子绝倒。"这个平子指的就是王澄。

王澄、王济和王玄都是很有名气的人物，但他们的才华却都不如卫玠的，所以人们还说：“王家三子，不如卫家一儿。”不过此时的智者会说：“王家三子当然不如卫家一儿了，因为里面至少有两个是卫玠的粉丝。”

由于身体不是很好，卫玠所以并不是那么的完美。小的时候，卫玠就曾因为思考“梦的起源”这个问题，而生过一场大病。要不是他未来的岳父乐广前去为他分析这个问题，兴许卫玠就没有然后了。

由此就可以想见，卫玠的身体到底有多么的虚弱。当时，为了让他调养好身体，他的母亲不仅不让他说太多的话，怕他伤气，汤药肯定也没少让他喝。但是就算这样调养着，卫玠的身体还是不太好。

当时的丞相王导见了卫玠之后，说过这样一句话，这句话就记录在《世说新语》中：“居然有羸形，虽复终日调畅，若不堪罗绮。”说的是，卫玠的样子看起来就很瘦弱，虽然整天看着很和适舒畅，但他的身体好像连衣服都承受不住啊。

可即便如此瘦弱的身躯，却还是引得无数粉丝拜倒在他的长袍下，而且在这些粉丝中间，经常会看到大咖的身影。但对于卫玠来说，真正的铁杆粉丝应该不仅能为自己带来知名度，还能够为自己带来爱情。就这样，既是粉丝，又曾给卫玠分析过梦的起源的乐广，出现在了卫玠面前。

说起乐广，卫玠认他当岳父，倒也不算亏。乐广本就是一位名士，长得很潇洒，家里条件又不错。他也是一个清谈大家，只不过，他只擅长说，不擅长写。侃大山行，写文章不行。

有一次，他想给皇帝写封辞职的奏章，但是又不知道该怎么写，于是想请潘安来帮助他。

脑洞剧场

乐广：“潘兄，今天把你请来，主要是为了……”

潘安：“你想干吗？”

乐广：“我想跟陛下提辞职。”

潘安：“再见。”

乐广：“唉唉唉！你别走啊，潘兄，你得帮帮我。”

潘安：“不行，我真不行。”

乐广：“潘兄你是最帅的。”

潘安：“什么？你说我什么？”

乐广：“潘兄，你就是我的男神。”

潘安：“我在哪张桌子上写？”

总之，最后潘安答应帮乐广写这封辞职信。但潘安也提了个要求，就是乐广一定要把自己的想法先完完全全地跟他交代清楚。乐广心想，侃大山我在行啊！

乐广就把自己的想法跟潘安说了一遍，潘安把他的话在脑子里简单地梳理了一下，终于写成了一篇辞职信。皇帝看完之后点点头：“辞职辞得有理有据，朕竟无言以对。”于是，批准乐广辞职。

当时的人都说：“如果不是乐广借助了潘安的文笔，潘安不是吸收了乐广的思路，就没办法写成如此优美的文章。”基于此，潘安和乐广的名声也就更大了。这说的就是“潘文乐旨”的典故。

…………

卫玠的第一任妻子乐氏早亡，后来北方战乱，卫玠带着母亲南下的时候，在襄阳又碰到了一个粉丝。此人就是征南将军山简，他是大名士山涛的儿子。

刚一见面，山简就表现出了对卫玠的浓厚兴趣，一心想当他的岳父。这件事就记录在《晋书》里面，“简曰：‘昔戴叔鸾嫁女，唯贤是与，不问贵贱，况卫氏权贵门户令望之人乎！’”

这里说的戴叔鸾，是一位东汉隐士，这个人的故事被记录在《后汉书》里。此人很有原则，当时王莽篡权之后，他就称病回家，他家里也很富有，养活自己没问题。不仅如此，他还经常帮助别人，很讲义气，人们称他为“关东大豪戴子高”。这个人嫁女儿的标准，从来都是只要人品好就行，不管有没有钱。

山简大将军就说，想当年戴叔鸾嫁女，尚且不问贵贱，何况如今卫玠他们家本来就是名门望族，我还有什么理由舍不得嫁女儿啊！于是还真把自己的闺女嫁给了卫玠。这至少说明，卫玠的综合素质的确是过了山简这一关。

历史上，卫玠到底是一个什么样的人呢？

我觉得，帅气潇洒只是外在，文学才情只是附庸，真正让大家为之倾倒的，绝对离不开卫玠的人品和他的处事风格。

按理说，像卫玠这样集万千宠爱于一身，又很有才学的人，他要是有点儿脾气，那真是再正常不过。

古代一些才智出众的人，或多或少都会有些傲气或者怪癖，比如动不动大骂别人一顿，或者酷爱和皇帝死磕。这些人当中，有人幸运地遇到了明主，活了下来；不幸的人，也许连个名字都没留，就让人给埋了。姑且不论他们的对与错，但显然他们和卫玠所走的路是截然不同的。

孤傲的性格、怪异的脾气，在卫玠这里一概没有，有的只是理解和宽容。正史中是这样说的：“玠尝以人有不及，可以情恕；非意相干，可以理遣，故终身不见喜愠之容。”

在卫玠的认知里，人是应该学会换位思考的，多站在别人的角度考虑问题，可能就会更容易宽容，如果不是有意冒犯为难，就不需要争吵。在别人眼中，卫玠性情淡泊，他终身都没有让人看到过他喜怒的容颜。

身为中国古代四大美男之一的卫玠，虽然他的人生只有短短二十七年，但留下的佳话却是长久流传的。

14 王羲之

来自书法界的神话

在书法界，有个人被当作神一样的存在，而他的作品，也是一直被模仿，从未被超越，他就是东晋书法名家王羲之！

王羲之的书法造诣，不是一般人可以企及的。他的代表作品《兰亭序》被誉为“天下第一行书”。要想达到这种非凡的境界，就要付出非凡的努力。的确，天才如王羲之，也同样付出了不懈的努力。

据说，王羲之从小痴迷书法，痴迷到了什么地步呢？

相传，在王羲之他们家附近有一个小水池，王羲之每次练完书法就会在那个水池里洗笔。久而久之，这个水池里的水就变得像墨一样黑，最后黑到可以直接拿池水当墨汁来用，蘸一蘸就可以写字。

不过貌似在全国各地，王羲之的墨池有不少。估计无论小的时候，还是在各地做官的时候，王羲之都没闲着，人到哪里，就要在哪里造一个墨池。

你说这事儿要是发生在现代，王羲之那点工资估计都不够交罚款的，因为污染环境。不过，这也体现出来，王羲之练书法到底有多努力了。那得用多少墨汁，才能彻底摧毁大自然的自我恢复能力，把小水池变成墨池？

据说王羲之很小的时候，书法功力就已经相当了得。要问到底有多小？七岁。虽然只有七岁，但当时的王羲之就已经擅长书法了。而十二岁的时候，居然还让他发现了一本关于练习书法的秘籍。

这件事就记录在唐代书法家张怀瓘写的《书断·王羲之》里，“十二，见前代《笔说》于其父枕中，窃而读之……父见其少，恐不能，秘之，语羲之曰：‘待尔成人，吾授也。’羲之拜请：‘今而用之，使待成人，恐蔽儿之幼令也。’”

意思是说，王羲之想看一本关于书法的典籍，这本书就藏在他老爸的枕头里，于是他偷偷拿过来看。后来他老爸发现了，看他岁数太小，便对他说："等你长大了，我再教你书法好吗？"王羲之立刻就跪下了，说："父亲，孩儿现在就想学，孩儿不能输在起跑线上啊！"

总之，史书记载，最后王羲之还是说服了他老爸，把这本书给要来了。经过一番勤学苦练，据说不到一个月的时间，他的书法水平就进步了一大截。谁见了他写的字，都赞不绝口。这里面还有一段故事。

据说有一回，当时东晋的皇帝要去北郊祭祀，需要用祝版（祭祀时用的，上面要写祝词）。这个写祝词的任务就派给了王羲之。王羲之大笔一挥写好祝词之后，再由工匠拿去，顺着字迹雕刻出来。工匠在雕刻的时候，发现王羲之写在木板上的墨已经印到木头里面去了，大家不禁感叹王羲之笔力之雄劲，真是入木三分。

王羲之怎么会想到，他做的这件事，一不小心就留给后人一个成语。

那么接下来，说说王羲之留给我们的另一个成语。

话说，东晋时期有一位辅政重臣，官至太尉，掌管全国军政大事，此人名叫郗鉴。他家里有一个闺女，名叫郗璿，据说书法写得特别好，她还没有婚配，所以郗鉴就琢磨着给她许配一个好人家。

郗鉴想到了丞相王导他们家——鼎鼎大名的琅琊王氏，心想："他们家好啊，名门望族，跟我们正好门当户对，而且他们家书香门第，相信会有不少英才少年。"于是，他就派自己的门生给王导送去一封信。

这封信的大概意思是，我想给自己的闺女选一个乘龙快婿，不知道你那里有没有人选？

王导看了郗鉴的来信，非常重视，马上写了封回信："我家里子侄很多，来吧，随便选。"

门生拿着王导的信回到了郗鉴府中，郗鉴看完信后，问自己的门生："怎么样？王导他们家的孩子都靠谱吗？"

门生如实交代，他的话就记录在《晋书》里面："王氏诸少并佳，然闻信至，咸自矜持。惟一人在东床坦腹食，独若不闻。"这段话的意思是，王导家的少爷们都不错，知道您要选女婿，他们一个个打扮得都可精神了，可唯独有一人跟没事儿人一样，躺在东床上露着肚皮吃零食。

"居然有这样的人？"郗鉴一听眼睛都亮了，笑道，"他就是我的好女婿。"

旁边的下人们都愣了，小声嘀咕：“你说老爷是不是特别讨厌这个闺女啊？”

“胡说八道什么呢？”

“那这女婿选得也太草率了吧。躺在床上吃零食就算合格？”

“可能老爷觉得胃口好的，身体倍儿棒吧。”

就这样，成语词典里又多了一个词——东床快婿。而这个吃零食的人，正是王羲之。

虽然出身名门世家琅琊王氏，家族中有着能说会道的基因，可据说王羲之小的时候不善于言谈，除了字写得好之外，好像也没有什么其他特长。不爱说话，光会写字，在现在这应该属于典型的宅男。

但是有慧眼识人的。在两晋时期有一位叫周顗的名士，王羲之小时候常去拜见他。周顗每次见到王羲之，总感觉这孩子以后一定了不得。在当时，家里招待贵客的时候，一般都会准备一种独特的美食——牛心炙。顾名思义，这是一种由牛心做的菜肴，非常珍贵。

要知道来周顗家做客的人，有时候不止王羲之一个，

楚河说历史
笔圣
笔仙

可每次分牛心炙时，周顗总要先分给王羲之吃，表现出非比寻常的重视，从此王羲之才渐渐有了些名气，那时的他只有十三岁。

不过大家可不要以为王羲之就写字这么一个爱好，他还有其他的爱好，那就是养宠物。

王羲之喜欢的宠物很特别，史官们都觉得有点不可思议，于是才编进了史书中。因为王羲之喜欢的这种动物属于一种比较常见的家禽，那就是鹅。这是一种攻击性很强的物种，看家护院有的时候比狗都好使。

说起王羲之和鹅的故事，还真不少。这些事儿就记录在《晋书》中，如："性爱鹅，会稽有孤居姥养一鹅，善鸣，求市未能得，遂携亲友命驾就观。姥闻羲之将至，烹以待之，王羲之叹息弥日。"

说的是，王羲之生性爱鹅，他听说会稽有一位独居的老太太养了只鹅，叫声很好听，于是想买回来，结果没成。因此他带着亲友去拜访老太太，当然主要是想看看那只鹅。老太太听说王羲之要过来，高兴坏了，看看身边也没有什么可以招待的，于是就把那只鹅给炖了。王羲之感到非常惋惜，内心久久不能平静。

脑洞剧场

王羲之缩在一个角落里，不住地叹气："鹅，鹅，鹅……"

老太太也不知道怎么安慰他，只好说："曲项向天歌。"

"鹅，鹅，鹅……"

"曲项向天歌！"

"鹅，鹅，鹅……"

"曲项向天歌！"

…………

周围的人都被感动了："这么半天只说这两句，这篇明明要求全文背诵的啊？"

上面这段是我编的。不过据史书记载，王羲之的确因为这件事，难受了整整一天。

后来，他又听说山阴有一位道士，养了不少"精品鹅"。这次王羲之特别谨慎，反复打听这个精品鹅到底是198元一套的，还是298元一套的，带不带荷叶饼？人们都说："不带荷叶饼，没葱没酱，这回鹅是活的。"

王羲之很开心，就去道士那儿看了。一看果然厉害，道士养的鹅一个个倍儿精神，挺着胸脯子，跟斗牛犬似的。王羲之很喜欢这些鹅，三番五次地求道士把鹅卖给自己。道士估计最后也是被他的诚意所打动，于是就答应了，但他提出了一个条件，说："你要是给我抄一本《道德经》，我就把这群鹅送给你。"

王羲之开开心心地给道士抄了一本《道德经》，而道士真把那群鹅送给了他。王羲之心里美："幸亏没让我抄《史记》，不然抄完了，鹅也都老死了。"

除了喜欢养鹅外，王羲之还是一个浑身充满正能量的人，他特别喜欢帮助别人。有件事就记录在《晋书》里："尝在蕺山见一老姥，持六角竹扇卖之。羲之书其扇，各为五字。姥初有愠色。因谓姥曰：'但言是王右军书，以求百钱邪。'姥如其言，人竞买之。"

说的是，王羲之有一次在蕺山（绍兴城内的名山）碰见个老太太，老太太在干吗呢？她在卖六角竹扇。老太太卖得很辛苦，半天也卖不出去，心里很难受。

此时此刻，她又累又饿，于是她点着了一把竹扇……她看到了一桌子美味的菜肴，于是她又点了第二把竹扇，她看到了两把烧着的竹扇……她不想放弃，接着又点了第三把竹扇，她看到了一只鹅向自己走来……这正是"卖扇子的老太太"。

老太太当然不会点自己的扇子，但是，鹅真的向她走来了，走来的除了鹅还有王羲之。也许正好赶上王羲之出来遛鹅，看到老太太这么辛苦，就想帮助她。他怎么帮呢？当然是发挥特长，写字。王羲之拿过老太太的竹扇，挨个题字。

老太太整个人都傻了，她哪认识王羲之啊，心里还挺不高兴，心说："完了，这批扇子算是毁了。"

王羲之看老太太面有不悦之色，于是对她说："待会儿您告诉买扇子的人，说上面的字是王羲之亲笔写的就行了。"王羲之嘱咐完后，牵着鹅就走了。这边老太太没别的办法，只好照着王羲之说的办。

"卖扇子咧！卖扇子咧！字是王羲之写的！"转眼之间，围过来好多人，争相购买，扇子一下就卖光了。

据说过了几天，老太太又来找王羲之，说："先生，原来我老太太有眼不识泰山，我哪里想得到您竟然是个名人啊，能不能再给我题几个字？"

王羲之哈哈大笑，一挥手就签了名：王羲之。

15 谢安

官方著名淡定哥

一个人如果遇事能做到不慌不忙，就会被称为淡定。但如果一个人虽然遇事不慌不忙，但最后一点儿正事也没干，这大概不叫淡定，而叫反应慢吧。

刀枪箭雨之中，依然能够闲庭信步、谈笑风生，这叫淡定。烈焰火海之中，无视自家房屋倒塌、步履轻盈，这叫缺心眼儿。所以说，淡定这样的品质，在什么场合用，怎么用，就显示出一个人的气度来。

东晋时期，有一位高人，甭管碰到什么事，从没见他着急过，非但不着急，他还总能春风化雨般地把事情给解决了。

谁能有这么大的能耐呢？他就是谢安。

据说他从小就与众不同，和周围同龄的小朋友站在一起，看着就特别的淡定、沉稳，活脱脱是小男生的身体里面装了一颗大爷的心。

他小时候长得也很漂亮，四岁就得到了东晋大臣兼知名人士桓彝的赏识。这个桓彝算是个了不起的人物，在当时是“江左八达”之一，能耐很大。他看着年仅四岁的谢安，觉得这孩子以后肯定了不起，因为这孩子举手投足间，都感觉跟大人似的，特别稳当。其实也可能是因为谢安从小就性子慢。

后来年幼的谢安还练就了一手好字，尤其擅长行书，名气一下更大了。所以他年少的时候就很有名气。

谢安家里条件也好，他们家在当时，绝对是数得着的名门望族。他父亲谢裒曾担任过九卿之一的太常卿，后来还当了吏部尚书。

人们提到陈郡谢氏，没有不竖大拇指的，但凡谢家的子弟，几乎人人都是风流潇洒、玉树临风，那一个个走在大街上，都自带美颜特效。而谢安又是其中最突出的，不仅长得好看，还有气度，很淡定。

话说谢安才十三岁，名声就已经从家乡河南传到了东北那边，没有不知道他的人，连当时七岁的慕容垂都特地给他送了礼物，据说是一对用白狼毛做的装饰品，非常珍贵。

这个慕容垂是谁呢？他就是十六国后燕的开国君主。不过谢安的粉丝很多，慕容垂只是其中的一个。当时几乎所有的名士都十分推崇他，而他的一举一动也都会被世人模仿。

话说有一次，他的老乡手上有五万把蒲葵扇，怎么也卖不出去，没有回家的路费。谢安得知以后，便拿了一把扇子来用，结果人人效仿，后来积压的扇子没多久就全部高价卖出去了。

谢安喜欢吟诗，粉丝们自然也是不会放过的，这一段就记录在《晋书》中："安本能为洛下书生咏，有鼻疾，故其音浊，名流爱其咏而弗能及，或手掩鼻以斅之。"

这段话的意思是，谢安是河南人，他用洛阳方言吟诗，而且谢安还有鼻炎，所以说话发声鼻音很重。结果当时很多社会名流想模仿他，却模仿得不像，于是就有人捂着鼻子来学。模仿的时候估计是，谢安念一句，粉丝们模仿一句。

脑洞剧场

谢安性子慢，只见他淡定地走在大街上，慢悠悠的。一群粉丝跟在后面，也是慢悠悠的。忽然对面走来一位美女，美艳不可方物，让谢安给瞧见了。

一个小时以后，谢安开始吟诗："咦，你看这妮儿，长得还怪带劲儿啊！"

旁边粉丝跟着学："咦，你看这妮儿，长得还怪带劲儿啊！"

谢安很满意，心想诗的后半部分，明年再编。

又往前走，看见一条小河，正好口渴，谢安俯下身来，用双手捧起一兜儿水，刺溜喝了一口，一个小时以后，吟诗："咦，这个水，可凉可凉了。"

旁边粉丝跟着学："咦，这个水，可凉可凉了。"

上面是编的，下面说真的。总之，无论遇到什么事，谢安都出奇的淡定，表现出了非凡的气度。

不过，你可千万不要以为，谢安的淡定就只是性子慢而已。关键是谢安能把自己的性情用在最恰当的地方。

要知道，后来正是因为谢安淡定从容地应对各种危局，才保住了东晋的江山。

那么这个淡定的品质他用在哪儿了呢？自然是他的事业上。

正所谓人怕出名，猪怕壮。名声大噪的谢安，很快就引起了相关人士的注意，他们推荐他当官。

可是谢安这个人，偏偏对做官没什么兴趣。他们家名门，他不愁吃不愁穿的，可以安静地当个“土二代”（土豪的第二代）。于是，谢安总有理由拒绝朝廷的邀请，一开始就说去不了，有病。后来人家说：“有病我们也要，我们这儿有太医。”谢安还是不去，他平时总跟王羲之他们自驾游，纵情山水。

但是，架不住他的人气太高，人们还是不断地推荐他。后来，谢安实在顶不住了，跑去当了一个月的官员，然后又跑了。

这把那些人给气的，请了这么长时间，最后当了一个月的官就走了，也太不像话了。其实也许谢安本来只打算当一天的官员，但因为他性子慢，行李收拾了一个月。

朝廷里的人心里不服气：“继续请，谢安你必须来。”

别说，谢安是真不给面子。上到皇帝，下到大臣，全部拒绝，无一幸免。人都得罪光了，最后朝廷惩罚他，判了个剥夺政治权利终身……这把谢安高兴坏了。

好像无论发生什么事情，谢安都不知道什么叫作慌乱。

话说有一次，他和朋友乘船出海，突然之间风起云涌，巨浪滔天，所有的人都吓坏了，船夫一个劲儿地鼓励他们："千万别吓尿，再尿船就沉了。"这时候，只有谢安淡定依旧。船夫以为谢安喜欢这种刺激，于是接着往前划船。

后来，风越来越大，还是谢安见过世面，他慢条斯理地对船夫说："船家，我想回家……"这时，船夫才开始往回划，心想："恐怕是误会了。"但是由此大家更加佩服谢安了，遇事不慌，确实有雅量。

就这样，很长一段时间，谢安都是只谈风月，不理国事。后来连他媳妇儿都看不下去了，眼瞅着谢家的人一个个加官晋爵，唯独谢安还在当"土二代"。他媳妇儿就问他："你果真永远都不想当官吗？"这时谢安说："你着什么急，估计是免不了。”

果不其然，过了一段时间，他弟弟谢万出事儿了，因为一次失败的战斗被朝廷辞退，这时的谢家就有点要走下坡路的意思。于是，谢安终于出山，这时的他已经快四十岁了。

皇帝恢复了他的政治权利，于是他当上了大将军桓温的司马。桓温是个很有野心的人，一直都想当老板，也就是当皇帝，这点跟曹操很像，当初他还喊下口号：“不能流芳百世，也要遗臭万年！”不过，桓温也是个爱才之人，他很欣赏谢安。可谢安跟他不来电，所以后来就借机离开了他。

桓温的计划并没有因谢安的离开而改变，他还是想当老板。谁要是成为他的障碍，他就把谁废了。有一次，他打了败仗，很生气，心想：“外面的人打不过，里面的人我可不怕。”于是，他把皇帝给废了，另立一个皇帝，叫司马昱，史称晋简文帝。

可是司马昱这个皇帝当得很憋屈，当家不做主。而且司马昱即位的时候都五十二岁了，于是上位八个月，就给憋屈死了。

当时桓温以为司马昱临死之前，保不齐会把皇位禅让给他，可是没想到他最后还是传给了儿子。桓温气得火冒三丈，心说："我连谦让的台词都背好了，你就给我看这个？好，你不仁，我不义！"于是，他借着奔丧的名义，带着一帮士兵来了。不找别人，就找谢安和王坦之，只要把这俩重臣制服，皇位不在话下。

桓温在一个叫新亭的地方，部下兵阵，召见谢安和王坦之。京城所有的人都慌了，大家心里明白，桓温这是想借杀大臣立威，然后自立为王。但是没办法，俩人还是得去见他。王坦之当时害怕得不行，而谢安却神色不变。

脑洞剧场

王坦之："谢大人啊，我感觉咱这次去，凶多吉少。"

谢安："王大人，你说得不对，我觉得应该用必死无疑这个词比较合适。"

王坦之："嗯……这也是为国为民的事情，好男儿为国家抛头颅、洒热血，那这次就有劳谢大人去一趟吧。"

谢安："王大人怎么把自己摘出去了？你不去了？"

王坦之："这次我准备在精神上支持你！"

上面是我编的，下面说真的。总之，最后俩人都去了这个“鸿门宴”,《晋书》中说:“既见温，坦之流汗沾衣，倒执手版。安从容就席。”

什么意思呢？这是说，等见到桓温的时候，王坦之身上的衣服都已经让汗湿透了，跟刚从水池里捞出来似的，手上的手版也给拿倒了。而谢安从容不迫地坐在席间，毫无惧色。

据史书记载，这时谢安对桓温说了一句话，说:“我听说诸侯遵循道义，让军队镇守在国家边境，明公哪里用得着把人安置在墙后面呢？”这弄得桓温很尴尬，俩人嘻嘻哈哈，聊了很长时间。桓温最后还真没敢把他们怎么样，这事儿就算不了了之了。只不过，原来王坦之和谢安是齐名的，经此一事，人们才知道王坦之和谢安的差距。

不久，桓温死了。谢安凭着他的淡定从容，守住了东晋王朝。然而危险依然存在，而这次的危险来自外部。

当时东晋的形势并不乐观，因为北方的前秦始终对东晋虎视眈眈，想要吞并东晋。而且前秦在苻坚的带领下统一了北方，并开始南下，声势浩大。结果是一边想要，一边不给，所以后来就发生了“淝水之战”。

苻坚号称率军百万，东晋这边的人又慌了，所有的人都认为这次八成是要亡国。结果还是谢安的淡定稳住了大家的心神。人们惊慌失措地向他询问计策，他只回答说已有谋划，接着便什么也不说，开始组织大家下围棋，史书记载，获胜者的奖品是个别墅。

可这火烧眉毛的时候，谁还有心情下棋？大家都想着怎么迎敌。所以，那天的谢安对于参赛的人来说就像阿尔法围棋（AlphaGo）一样，没人赢得了他。等下完了棋，谢安还出去溜达了一圈，直到晚上回来，他才把计划跟诸位将领说了。

在谢安的谋划下，东晋最终仅以八万的兵力便打赢了号称百万的前秦军。因此，淝水之战也成了历史上著名的以少胜多的战役。

据说，当捷报传到谢安手里的时候，谢安还在和客人下棋，看完捷报之后，谢安毫无欣喜之色，继续下棋，客人问他，他只说："小子们把敌人打败了。"直到下完棋，谢安回到屋里，才欣喜若狂地手舞足蹈。

现在想想，当时也许谢安心里也没底，也很慌张，但是他知道，自己是当时东晋王朝的主心骨，如果他也害怕，仗不用打就已经输了。所以说，淡定哥不是谁都能当的，如果能把淡定用在刀刃上，那将是无穷的力量！

16 萧宝卷

输了江山丢了美人

从古至今，帝王的这个位置一直充满了诱惑力。它的重要程度相当于财迷心中的钞票，白领眼中的假期，大妈最爱的广场舞，宅男痴迷的网络游戏。在大部分人的印象中，帝王的日子应该是最滋润的，什么都是自己做主，要啥来啥。

但在这里，我要真诚地告诉大家，还真不是那样。史书中写得明明白白，如果想当一个人人称道的好皇帝，除了有能力之外，要付出的努力也是超出常人想象的：每天除了批奏折就是批奏折，只能用业余时间跟爱妃们谈谈恋爱；平时没事只能在宫里待着，不能随意微服私访；而且工作时间不是一般的长，绝对超出我们现在劳动法的要求。

然而，古代的某些皇帝却在进行着他们的痴心妄想，心说："当好皇帝难，当昏君还不行吗！"真实的情况是，这皇帝要是当好了，只是累得要死，要是当不好，是真的会死。

南齐一代帝王萧宝卷就是这么死的，话说他当皇帝的时间前后加起来，大概只有三年。要问为什么只当了这么短的时间？这事儿还得从头说起。

萧宝卷这个头（还真是从头说起）里面的脑子好像跟别人不一样，这脑子里想的永远都是不按常理出牌的"剧本"。

据说，萧宝卷从小不爱学习，一翻书就困，一学习就晕。整天无所事事、游手好闲，最喜欢做的事就是开发娱乐项目。在他的不懈努力下，终于找到了一件好玩的事情。这件事就记录在《南齐书》里："帝在东宫便好弄，不喜书学……尝夜捕鼠达旦，以为笑乐。"

说的是，萧宝卷还是太子的时候就爱玩，不爱学习，没事儿最喜欢的就是抓耗子，也就是抓老鼠。而且他为了抓耗子，经常通宵达旦。也不知道他为什么这么喜欢抓耗子，难道上辈子是猫？估计当时宫里的耗子都不怕猫了，最怕的就是萧宝卷。

而且萧宝卷不只有抓耗子这一个爱好，随着岁月的流逝，萧宝卷渐渐地又喜欢上了骑马。骑马其实是一项很好的运动，既可以锻炼身体，还可以陶冶情操，当然主要是可以耍帅。

但是什么事情都要注意好“度”，萧宝卷就没注意好这个“度”，他选择的骑马场所是皇宫。

大家要知道，萧宝卷即位的时候，其实还只是个十六岁的少年。这个年龄正处于青春叛逆期，萧宝卷还是皇帝，谁敢管啊？他每天没日没夜地调皮、骑马，周围的人只能是无条件服从。可萧宝卷不光自己骑马，周围的人也不能闲着，还得敲锣打鼓地伺候着。

但仅仅是骑马，并不能满足萧宝卷的需求，他还要挑战自己身体的极限，发挥一下自己的艺术才能。干点什么呢？没多久，萧宝卷锁定了杂技这个项目。

要说萧宝卷对杂技的热爱，也是已经到了痴迷的程度。萧宝卷本来就很壮，据说力气很大，于是他就专门研究担幢。这个担幢是古代的一种杂技，就是一个大木桩，有的时候做得像个大旗子，很高很沉，下面一个人把它抬起来，维持平衡。

这可不是一般人能够掌握的，萧宝卷这人很有意思，他好像除了治理国家之外，干别的事情都很有天赋。连担幢这项难度系数比较高的杂技项目，都在他的刻苦练习之下被攻克了。

这件事就记录在《资治通鉴》里："帝有膂力……又好担幢，白虎幢高七丈五尺，于齿上担之，折齿不倦。"说的是，萧宝卷力气很大，喜欢担幢，而且他玩的这个幢级别比较高，名叫白虎幢，高七丈五尺。萧宝卷把这个白虎幢咬在牙上玩，结果玩掉了好几颗龙牙。即便牙都玩掉了，萧宝卷还是没有放弃杂技事业。相信大臣们肯定急得整天劝皇帝："陛下，保重龙牙。"

喜欢抓耗子，在宫里玩骑马，用牙就能耍杂技，不禁想问一句，这样的人要不是皇帝的话，会成为什么样的人呢？这问题要是让萧宝卷的子民来回答就容易多了。老百姓一定会爽快地告诉你，他会成为一个死人。

因为萧宝卷的人品约等于零。

话说，萧宝卷在宫里折腾烦了，就经常去宫外转悠，但他可不是微服私访，人家讲究排场，什么宝马良驹、仪仗队，一样不能少。而且萧宝卷想到宫外去，从来不分时间，说走就走，身边的大臣们经常晚上被喊出来陪皇帝出游，那一双双熊猫眼，真是一个比一个颜色深。

萧宝卷对自己也是有要求的，一定要深入老百姓的生活中，他的确做到了，而且很深入。据说，他的仪仗队要是不小心走到了居民区里，为了保证道路的通畅，就一律拆房。

老百姓们敢怒不敢言，皇帝来了得赶紧跑，因为要是让萧宝卷看到，可能直接就被杀掉了。据说，萧宝卷最大的缺点就是不珍惜生命，当然，是不珍惜别人的生命，视人命如草芥一般。杀老百姓，杀大臣，甚至杀功臣，萧宝卷都干过不少。有点不如意，就把人杀掉。所以从大臣到百姓，简直恨他恨得牙痒痒。

别看萧宝卷对别人如此残忍，但有一个人是例外，此人有个艺名叫潘玉儿，是萧宝卷的爱妃。她的本名叫俞尼子。据说名字是后来皇帝改的，为的是图个吉利。

萧宝卷对她呵护备至、温柔体贴，因为潘玉儿长得非常美丽，史书上说她有国色。萧宝卷非常爱她，为了表达自己的爱意，给她送了很多东西，把潘玉儿打扮得珠围翠绕，头上戴的钗子，脖子上挂的链子，无不是价值连城。

总之，无论吃的用的，萧宝卷都给潘玉儿最好的。为了让潘玉儿开心，萧宝卷使出了浑身解数，甚至每次出门，都让潘玉儿坐在车里，他在车外骑马当保镖。堂堂的一个皇帝，这已经算是做到极致了。

可这还不算完，潘玉儿要是闷了怎么办？萧宝卷从来都不会说自己工作忙，当然他也不爱工作。他专门陪她做游戏。这件事记录在《资治通鉴》里：“又于苑中立市，使宫人、宦者共为裨贩，以潘贵妃为市令，东昏侯自为市录事，小有得失，妃则予杖；乃敕虎贲不得进大荆、实中荻。”

说的是，萧宝卷为了给潘贵妃解闷，在宫里开了一个市场，让宫里的人有的客串商贩，有的客串消费者，潘贵妃则当市场的管理者，萧宝卷扮演负责掌管文书的手下。据说，为了在宫里还原真实的市场全景，萧宝卷动用了上千人参与其中。

脑洞剧场

萧宝卷：“各部门注意啦！今天演市场卖菜的戏。大家各演各的，不要互相影响。我重复一遍，这不是演习，这不是演习！”

商贩甲：“瞧一瞧，看一看，走过路过不要错过。卖了啊。”

潘贵妃：“你面前啥也没有啊，你卖的是啥？”

商贩甲：“我，我卖空气，卖空气了啊，只卖五毛，就值五毛。五毛钱，你买不了吃亏；五毛钱，你顶多上当。”

潘贵妃点点头，表示很满意，演得都跟真的似的。

在萧宝卷的脑子里，像这样的奇葩点子简直层出不穷。而他脑子里负责治理国家的这片区域，基本是空白。只要与治理国家无关的事情，萧宝卷都特别来劲儿。

比如说下面这件事。一般人们表扬一个女子步步生莲，说明这个女子步态轻盈，身姿曼妙。在萧宝卷的心目中，潘玉儿就是这样一个女子，为了突出潘玉儿步步生莲的特点，萧宝卷决定对她进行深度包装。怎么办？步步生莲，从字面意思来理解，首先萧宝卷需要莲花。

萧宝卷苦思冥想让潘玉儿步步生莲的方法，一般的莲花肯定不行，潘玉儿体重再轻，往莲花上一走，莲花也得毁了。所以这莲花应该是特制的，于是他最后决定用金子在地上做一片莲花。不得不说，这实在是太高调了。

皇帝生活奢靡，大臣朝不保夕，百姓民不聊生，这样不会做人的皇帝，日子注定是无法长久的。仅当了三年多的皇帝，叛变的人就前仆后继，而萧宝卷最终也被卷在了历史的车轮之下。

皇帝当来不易，像萧宝卷这样既输江山又丢了美人的皇帝，还不如做个普通人。

17 陈庆之

原来他是个战神

在中国古代战争史上，能够打赢以少胜多的战役，对武将来说，是一种无上的荣耀。首先，这样的战役不是所有武将都能碰上，其次，碰上的人，也没几个能活着回来。所以能赢一场这样的战役，基本就可以加入名将的行列了。

比如，项羽胜刘邦的彭城之战：三万对五十六万，韩信的破赵之战：三万对二十万，张辽破东吴的合肥之战：七千对十万。

总之，在这个世界上，就是有这么一些天才，不按常理出牌，不走寻常之路，获得不寻常的胜利。

《梁书》里记载了这么一个人，他比前面张辽他们还要牛，此人一辈子打了上百场仗，几乎全部都是以少打多。他的名字叫陈庆之。

陈庆之是南朝梁人。作为未来战神一般的存在，他从一开始就特点鲜明，所谓“射不穿孔，马非所便”。意思是说，他射弓箭没劲儿，骑马也相当凑合。作为一个将军，这其实相当于他既没有从业资格证书，也没有驾驶执照。

所以一开始他也不属于武将，只是在宫里当侍从。那他擅长什么呢？擅长下棋，或者说耐力比较好。

当时他的主公是梁武帝萧衍，说起萧衍这个人，也很有意思。他早些时候还算比较贤明，可老了之后忽然就糊涂起来了。这老爷子有个爱好，那就是下棋，而且总是整夜整夜地下棋，旁边的人都受不了了，嘀咕：“怎么这老爷子一下棋，那劲头就跟我媳妇逛街似的？”

史书记载，梁武帝只要想下棋，陈庆之是每叫必到。就这样，陈庆之陪梁武帝下了二十几年棋，而这也造成他前半生的履历只有下棋。眼看着一代战神就要变成一代棋神，就在这个节骨眼上，机会来了。

525年，北魏的徐州刺史元法僧叛离北魏投靠梁国，陈庆之生平第一次有了带兵的机会，那一年他已经四十一岁了。就在他准备大展拳脚的时候，才发现，自己只是个跑龙套的。因为他只是跟着其他的将领一起去接收投靠的人，没有仗可以打。

工作都交接好后，徐州那边也得派人管理，于是梁武帝萧衍命陈庆之带着两千人马护送豫章王萧综去接管徐州。北魏方面当然不想丢掉徐州这个战略要地，于是派了两员大将领兵两万准备教训一下陈庆之他们。魏军选了个地点安营扎寨、准备进兵，陈庆之得到消息，二话不说，带着部队就去打。

北魏这边的两员大将也许当时正在周密部署，两万对两千怎么也得赢得漂亮点。于是先派一个名叫丘大千的将军到前线顶一下，他们还要开个会。

脑洞剧场

“今天我们开这个会，主要是谈一谈，打陈庆之的问题。”

会还没正式开始，就听丘大千这边喊：“报！”

“不要打断我，那么今天的主题呢，就是……”

“报告将军，不用定主题了！”

“怎么了？”

“咱们的部队已经被打没了！”

战斗的结果是，不过一通鼓的时间，丘大千他们就被陈庆之率领的军队击溃了。不过，这只是他的第一仗，后面还有更猛的，猛到超乎你的想象。

几年后，北魏发生内乱，有实力的人都开始抢占地盘，像北海王元颢这种没实力的宗室，就只有先投降给别的国家，然后再借助别国的力量，让自己成为皇帝。这个路线之曲折！

话说，元颢拿着当时各国的分布版图，心里盘算着：“去投降哪个国家呢？挑兵挑将，骑马打仗，挑中谁，谁跟我一起去打仗。就你了！”

最后元颢选择向梁国投降，到了梁国他就向皇帝萧衍说：“求求您啦，帮我复国吧！”萧衍同意了，于是任命陈庆之为飚勇将军带领七千人马送元颢北上洛阳称帝。

也不知道萧衍的数学是跟谁学的，算了半天，让陈庆之就带着七千人马去了，要知道北魏可是号称拥兵百万。这简直是不可能完成的任务。

陈庆之还真就带着七千人马去打洛阳了。而这一次，也成就了陈庆之。

话说元颢一路上，怎么想怎么觉得这事儿不靠谱，于是出发不久就称帝了。他称帝后，授予陈庆之镇北将军头衔，然后从铚县出发，攻克了荥城，来到了睢阳。

睢阳的守将叫丘大千，也就是陈庆之第一仗打败的那位将军。那段经历给丘大千留下了不可磨灭的印象，估计晚上经常做噩梦。

这回，他们又在睢阳碰上了，这仗几乎完全是历史的重演，只不过参战人数变成七千对七万了。同样是人多的一方防守，不过这次丘大千吸取教训，连筑了九座营垒抵抗。从黎明到下午，陈庆之攻陷了他三座营垒，剩下的陈庆之大概想在晚饭前搞定。丘大千的心态一下就崩了，完全丧失斗志，率众投降。

这仗刚完，另一个叫元晖业（北魏的济阴王）的倒霉蛋又领着两万人赶来，陈庆之表示……抓活的，没收所有物资。

陈庆之就这么七千人马，在北魏是所向披靡，一路上不少地方都直接投降了。赶上当时北魏国内有叛乱，主力尔朱荣率领的军队去平叛了。而且尔朱荣当时很瞧不上陈庆之的部队，“自古以来，北人坐马，南人乘船，作为一个南方人，陈庆之居然率领七千骑兵杀进了北魏的腹地，这也太任性了。”

于是尔朱荣调动了二十余万主力大军，准备包围正在攻打荥阳的陈庆之。据说荥阳城里还有七万守军，那基本是三十万对七千，尔朱荣想陈庆之这次是肯定逃不掉了。

没想到，包围圈刚刚形成，还没来得及进攻，陈庆之已经攻下了七万守军的荥阳！关于这段，《梁书》《南史》中都有记载，说在进攻之前，陈庆之发表了一番慷慨激昂地演讲：“……我等才有七千，贼众四十余万，今日之事，义不图存，吾以虏骑不可争力平原，及未尽至前，须平其城垒。”意思是说，我们人太少了，大家就别想别的了，拼命吧。

《梁书》和《南史》的记载只是在对方的人数上有所区别，《梁书》说三十万，《南史》说四十万，总之，对方人都挺多的。不过结果还是一样，都是一通鼓还没敲完，先头部队就已经登上了城墙！荥阳就给打下来了。这时元天穆率领的大军开始缩小包围圈，占领荥阳的陈庆之远远看到二十余万北魏援军到了，压根没想守城，亲自带领三千骑兵和敌人决战，居然又赢了。

此仗之后，“北人坐马，南人乘船”彻底成为传说。打到这儿，陈庆之大概觉得还不过瘾，带着部队顺便进军虎牢，坐拥一万精锐的虎牢守将异常果断，选择弃城逃走。

此时，陈庆之距离洛阳只有一步，但他没机会攻打洛阳了，因为洛阳……投降了。

四个半月，攻下三十二座城，野战四十七次，全胜，他的七千部队几乎没有伤亡。这恐怖的战绩实在让人难以置信。

不过，陈庆之的部队也的确好认，他们个个身披白袍，当时的洛阳城中有句童谣，说：“名师大将莫自牢，千军万马避白袍。”意思是说，别管你多牛，有多少人，要是碰上了这支部队，最好绕着点走！

楚河说历史

让孩子轻松读懂的历史书